Los anticonceptivos explicados a los jóvenes

Anabel Ochoa

Los anticonceptivos explicados a los jóvenes

AGUILAR

Copyright © *Anabel Ochoa*

De esta edición:
D. R. © Santillana Ediciones Generales S.A. de C.V., 2005.
Av. Universidad 767, Col. del Valle
México, 03100, D.F. Teléfono (55) 54207530
www.**editorialaguilar**.com

Distribuidora y Editora Aguilar, Altea, Taurus, Alfaguara, S. A.
Calle 80 Núm. 10—23, Santafé de Bogotá, Colombia.
Santillana Ediciones Generales S.L.
Torrelaguna 60—28043, Madrid, España.
Santillana S. A.
Av. San Felipe 731, Lima, Perú.
Editorial Santillana S. A.
Av. Rómulo Gallegos, Edif. Zulia 1er. piso
Boleita Nte., 1071, Caracas, Venezuela.
Editorial Santillana Inc.
P.O. Box 19—5462 Hato Rey, 00919, San Juan, Puerto Rico.
Santillana Publishing Company Inc.
2043 N. W. 87th Avenue, 33172. Miami, Fl., E. U. A.
Ediciones Santillana S. A. (ROU)
Constitución 1889, 11800, Montevideo, Uruguay.
Aguilar, Altea, Taurus, Alfaguara, S. A.
Beazley 3860, 1437, Buenos Aires, Argentina.
Aguilar Chilena de Ediciones Ltda.
Dr. Aníbal Ariztía 1444, Providencia, Santiago de Chile.
Santillana de Costa Rica, S. A.
La Uruca, 100 mts.Oeste de Migración y Extranjería, San José, Costa Rica.

Primera edición: noviembre de 2005

ISBN: 970-770-227-3
D. R. © Diseño de cubierta: Antonio Ruano Gómez
Diseño de interiores: mancaso, servicios editoriales (mancaso3@prodigy.net.mx)
Impreso en México.

Este libro únicamente es para fines informativos. No pretende tomar el lugar de los consejos médicos
de un profesional preparado. Se aconseja a los lectores que consulten a un médico antes de actuar
conforme a la información de este libro. El hecho de que una organización o un médico se encuentren
enlistados en el sitio web del autor como una posible fuente de consejo o tratamiento no significa que
el editor respalde esas recomendaciones.

Para mi hermana Mar, que me preñó de alegría al reencontrarla y nunca me contagió de otra cosa que no fuera amor.

Índice

Una vez a la semana...

Una vez al mes...

Cada dos meses...

Cada tres meses...

Cada tres o cinco años...

Cada diez años...

Para siempre...

Cada vez que toque...

Cada vez que hago el idiota...

Advertencia de la autora

La información que se presenta en este libro no debe utilizarse para realizar tratamientos médicos o diagnósticos de enfermedades. Se debe de hacer una consulta personal con un médico calificado en todos aquellos métodos anticonceptivos que requieren prescripción médica: píldora anticonceptiva, parche anticonceptivo, anillo vaginal anticonceptivo, inyección anticonceptiva (mensual, bimestral o trimestral), implante anticonceptivo, dispositivo intrauterino (DIU), ligadura de trompas, vasectomía y diafragma. En todos estos casos, la información aquí proporcionada no sustituye a la consulta médica personalizada.

Prólogo

por Josu Iturbe

Si partimos del significado etimológico de la palabra anticoncepción no quedan muchas dudas de lo que el término implica. La partícula *anti* (del griego: lo contrario, lo opuesto) más el latín de *conceptio-onis* (acción y efecto de concebir) nos devuelven una idea cargada de negatividad aparente. Pero el intento de control natal está unido a la historia del ser humano desde, por lo menos, el neolítico; el progreso mismo es de algún modo imposible de pensar sin la anticoncepción, sin alguna forma de planificación familiar. La sobrepoblación sigue siendo un problema y la reproducción responsable es, o debería ser, una obligación de toda pareja e individuo. El presente libro de Anabel Ochoa refleja, de forma sistematizada pero comprensible, precisamente esa tarea que ha ocupado a la humanidad durante milenios, logrando un estilo que encierra un mensaje especialmente dirigido a los jóvenes de hoy en día. Adolescentes y jóvenes que, querámoslo o no, tienen relaciones sexuales y, por lo mismo, derecho a una información clara y veraz.

Según el diccionario de la Real Academia Española, un anticonceptivo es un: "medio, práctica o agente que impide a la mujer quedar embarazada". Ya en papiros egipcios que datan de hace más de tres mil años, se mencionan diferentes fórmulas anticonceptivas como limpiar la vagina tras el coito y utilizar miel o alumbre como barrera espermicida. También han existido rituales más de orden mágico: la mujer debe saltar siete veces hacia atrás después de la relación sexual. Aristóteles, por su parte, recomendaba el uso de aceite para cubrir el cuello del útero, lo que no deja de tener cierta efectividad. El Talmud sugiere usar tampones a las muchachas jóvenes y la Santa Inquisición reportó numerosos métodos anticonceptivos atribuibles a supuestas brujas y demonios. Los estudios del anatomista Gabriel Fallopio (siglo XVI) contribuyeron al descubrimiento de las trompas que llevan su nombre y también al desarrollo del condón, en primera instancia concebido como barrera contra la temible sífilis. La esponja vaginal era de uso bastante común en el siglo XVII. En el siglo XVIII Thomas Malthus, en su "Ensayo sobre los principios de población", aseguraba un poco dramáticamente que "la realización de una sociedad feliz siempre estará obstaculizada por la miseria consecuente, sujeta a la tendencia de que la población aumenta más rápido que los medios de subsistencia". Fuera de teorías económicas, idearios morales o fanatismos religiosos, a inicios del siglo pasado la mayoría de los anticonceptivos que conocemos estaban "disponibles", salvo la píldora que poco después significaría una transformación absoluta del papel de la mujer en la sociedad. Ya lo decía Sigmund Freud, y antes de que existiera la píldora: "Teóricamente, sería uno de los mayores triunfos de la humanidad si el acto responsable de la procreación pudiera ser elevado a una conducta voluntaria e intencional y, de esta manera, separarlo del imperativo de satisfacer un impulso natural."

Lamentablemente un siglo después esto no se ha vuelto del todo realidad. En la actualidad apenas un tercio de la población utiliza frecuentemente anticonceptivos. El embarazo adolescente supone un treinta por ciento de los alumbramientos a nivel global, y es triste reconocer que el aborto es una práctica común. Sigue faltando mucha información, así como acceso directo a los métodos existentes, muchos de ello baratos y eficaces, pero fuera del alcance de la mayoría de las personas. Pese a los muchos avances está fallando la educación.

Desde que inicia una vida sexual, todo individuo del género o la orientación que sea, necesita ser consciente tanto de los beneficios de una actividad sexual saludable como de los riesgos inherentes a la misma. La variedad de enfermedades que se pueden transmitir, algunas de ellas mortales, y los hijos no deseados, son el lado oscuro de la sexualidad humana.

Es necesario estar bien informado y quién mejor que los jóvenes para cambiar la cultura sexual de nuestra sociedad: lo mejor es siempre empezar bien y de eso trata este libro. Importantísimo resulta el papel de la mujer como fuerza transformadora de la conciencia reproductiva de la pareja. En una de sus directivas, la OMS (Organización Mundial de la Salud) apunta certeramente: "Es necesario examinar los desequilibrios de poder existentes entre hombres y mujeres, y desarrollar respuestas equitativas dando a las mujeres un poder efectivo e involucrando a los hombres en las cuestiones relativas a la salud reproductiva."

Los anticonceptivos explicados a los jóvenes es el décimo libro publicado por la autora desde mediados de los años noventa y el quinto con Editorial Aguilar. Desde los mitos del sexo joven hasta las más locas parafilias, tocando los juegos para parejas hartas del sexo pantuflero o una deliciosa incursión en los afrodisíacos, son sólo algunas de las temáticas que han pasado por la afilada pluma de Anabel Ochoa.

Curiosamente, a través de sus libros ella ha logrado un impacto y una cercanía con los lectores equiparable a la lograda en los medios de comunicación, en especial su amplio auditorio radiofónico. Anabel Ochoa lleva casi veinte años en México investigando acerca de la sexualidad de un país que se transforma minuto a minuto, no sin tropiezos. Aquí está su más reciente aportación bibliográfica a la cultura sexual de esta sociedad cada vez más responsable y libre.

Una vez al día...

La píldora

Así se le llama, "la píldora", sin apellido. Pero no es cualquiera. Se trata de la píldora anticonceptiva que llegó para quedarse en la segunda mitad del siglo xx y cambió la vida de las mujeres en el mundo; por ello, en este capítulo hablaremos en femenino. Es una pastillita que te tomas diariamente, tengas o no relaciones sexuales. Se trata de mantener tu cuerpo en un estado infértil durante todo el mes.

Es un excelente método anticonceptivo para evitar el embarazo. Su eficacia es del 99.9 por ciento y el mínimo porcentaje que dejamos es en caso de no tomársela adecuadamente. Con ella la mujer no ovula, no fabrica óvulos (células fértiles femeninas), por tanto es prácticamente imposible embarazarse. Pero, ¡ojo! Está compuesta por hormonas. No todas las mujeres son candidatas a tomarla y eso sólo se valora en una revisión ginecológica.

Es importante señalar que no debes decidir tomar la píldora como método anticonceptivo porque a tu amiga o a la vecina le sienta bien, ni siquiera si se trata de tu hermana. Cada persona es un mundo, un metabolismo, una herencia genética y una manera personal de metabolizar (procesar) las hormonas en la sangre. Es una opción siempre y cuando el ginecólogo te diga que eres candidata a tomarla después de haber valorado tu historial y condiciones de salud. En caso de que te diga que sí puedes, entonces esta guía te será muy útil para decidir cómo tomarla.

La píldora pertenece al grupo de los llamados anticonceptivos hormonales porque ingieres hormonas. Otro nombre de este grupo es anovulatorios (*an*=sin + *ovum*=huevo) porque impiden la ovulación; también se le conoce simplemente como píldora *antibaby*. Verás que muchos libros las clasifican dentro de los anticonceptivos orales, es decir que se toman por la boca. Es un método temporal, no definitivo como la ligadura de trompas.

Tienen prácticamente la misma composición y efectos: la píldora diaria, el parche semanal, la inyección anticonceptiva, el nuevo anillo vaginal y el implante hormonal bajo la piel (ver capítulos correspondientes). En cada uno de ellos sólo varía su duración y la forma de administrarlo, que depende también de tu ritmo de vida. Si el ginecólogo dio el visto bueno para que tomes hormonas, tú podrás decidir la presentación que más te acomoda en cuanto a ritmo sexual, y al bolsillo, por supuesto.

En la farmacia encontrarás píldoras anticonceptivas de diversas marcas. Pero eso es lo de menos, como con cualquier otro fármaco. Lo importante es su composición química y esto viene impreso en letra chiquita en cada caja. Según su composición existen fundamentalmente dos tipos de píldoras: la píldora combinada (con dos tipos de hormonas) y la minipíldora (con una sola hormona). Podrás decidir con tu ginecólogo cuál es la que más te conviene según tus circunstancias personales. Dije "personales", no de la colonia, ¿de acuerdo?

La píldora combinada

No hablamos aquí de que combines la píldora con cualquier otra cosa. Nos referimos a la píldora tradicional, la de toda la vida, que combina dos tipos de hormonas: los estrógenos y la progestina, de la misma manera que lo haría naturalmente tu cuerpo durante cada ciclo. Por ello se llama píldora combinada y es la más antigua, aunque sigue vigente.

La minipíldora

Así se le llama a las modernas píldoras anticonceptivas que contienen sólo una hormona, en vez de dos, como ocurría en la píldora combinada, y es por ello que también se les conoce como monohormonales (*mono*=uno). Aquí las pastillas están compuestas únicamente con base en progestina, sin estrógenos, lo que ofrece una serie de ventajas a algunas mujeres porque los estrógenos son los principales responsables de muchos de los efectos molestos de la píldora combinada. A cambio, la progestina es una hormona de características muy similares a la progesterona natural que produce el organismo.

Su eficacia como anticonceptivo es altísima, aunque ligeramente menor que la de la píldora combinada. En cambio, sus efectos secundarios son menores y es mejor tolerada. Sirve para todas aquellas mujeres que no toleran los estrógenos por diferentes causas médicas como ser fumadoras, tener problemas circulatorios, etcétera. También son la mejor opción para las mayores de 35 años. Incluso permite que las tomen quienes están amamantando a su bebé (período peligrosísimo del que muchas se fían y salen embarazadas). No corta la leche ni se le pasa al niño en la lactancia, como ocurría con la píldora combinada.

Pero la minipíldora tiene un requisito fundamental: para que sea eficaz debes tomarla todos los días, sin excepción, a la misma hora. Aquí no hay tanto margen de tolerancia como en la píldora combinada. Por ello no es recomendable para personas desorganizadas u olvidadizas.

Al tomarla pueden disminuir mucho los sangrados o hasta desaparecer, lo que no implica que algo vaya mal o que estés embarazada, sólo es parte de sus efectos.

Cómo actúa la píldora

Su manera de actuar es triple para evitar el embarazo. En primer lugar no permite a tu ovario soltar células fértiles (óvulos) cada mes porque, debido a los niveles hormonales en la sangre, le hace creer a tu cerebro (que es finalmente quien da las órdenes al cuerpo) que estás embarazada. Además, procura que el moco del cuello de tu matriz sea más espeso y forme un tapón al fondo de la vagina que dificulta el paso de los espermatozoides masculinos. Por si fuera poco, no permite que las paredes de tu matriz queden acolchonaditas para que se desarrolle un embarazo. Como podrás ver, tomando la píldora adecuadamente, quedar embarazada es poco menos que un milagro, de ahí su altísima eficacia.

Cómo tomar la píldora

En el grupo de las píldoras combinadas encontrarás a su vez diversas presentaciones que harán diferente la manera de tomarlas.

Si tu caja contiene 21 píldoras tendrás que ingerir una diaria hasta agotar el envase y luego descansar siete días en los que aparecerá tu sangrado menstrual, y vuelta a empezar al siguiente ciclo; así sucesivamente.

Si tu envase contiene 22 píldoras tendrás que tomar igualmente una diaria hasta agotar la caja y luego descansar seis días en los que aparecerá tu sangrado, y vuelta a empezar una y otra vez de igual manera.

Pero si tu caja contiene 28 píldoras es de las que se llaman continuas. Tomarás una diaria durante 28 días para seguir inmediatamente con otro envase sin parar. En este caso el efecto es el mismo pero hay un truco para que no te olvides: las primeras 21 pastillas son las que contienen la hormona, las siete últimas, que son de otro color, no contienen nada activo (placebo) y sirven para que te habitúes a vivir tomando una píldora todos los días sin cambios de norma y sin pretextos.

En el caso de la minipíldora hay 35 pastillas en cada envase y también son continuas; es decir, se toman sin interrupción, las sigues tomando incluso durante la menstruación. Pero aquí no hay periodos de descanso ni tampoco pastillitas engañosas de placebo, todas son reales y continuas, un envase tras otro todos los días del año.

Conviene tomar la píldora todos los días a la misma hora. Puede haber un ligero margen pero conviene ser muy sistemática para que te proteja adecuadamente.

Como cada mujer reacciona de forma diferente ante las hormonas, puede que lleve algún tiempo encontrar el tipo de píldora ideal para ti, con las máximas ventajas y los mínimos inconvenientes, pues de eso se trata.

Ventajas de la píldora

Tiene máxima eficacia, como ningún otro método, para evitar el embarazo. Sobre todo está en tus manos y no depende de que tu pareja se cuide: controlas tu fertilidad.

Es fácil de usar, basta tragarse una pastillita diaria a la misma hora. Además tiene un precio accesible.

Es discreta, la ingestión no interviene en la espontaneidad de la relación sexual, no tienes que estar diciendo "espera un momento", ni calcular la fecha, ni colocarte nada en ese mismo instante.

Es cómoda porque te permite libertad para tener relaciones en cualquier momento del mes sin miedo al embarazo. Tiene el beneficio psicológico de no tener que someter tus momentos de intimidad ni la expresión de tus emociones al calendario o a preparativos incómodos.

Es práctica porque disminuye el volumen de sangrado menstrual y los días de regla. Tiene un efecto poderoso para desaparecer los cólicos y las molestias de las que se sufren mes a mes, además de acabar con el llamado síndrome premenstrual que causa mal humor, hiper sensibilidad, dolor de cabeza e indisposición general. Regulariza los ciclos, por ello muchos doctores las recetan a mujeres irregulares aunque no tengan relaciones sexuales.

Puede utilizarse por largos periodos, desde la adolescencia hasta la menopausia, siempre y cuando acudas a revisiones médicas anuales (que de cualquier modo debes hacer). No necesitas periodos de descanso; al contrario, es más eficaz cuanto más la uses sistemáticamente.

Es reversible. Al tratarse de un método anticonceptivo temporal: tú puedes recuperar la fertilidad en cuanto dejes de tomarla, y máximo en un mes o dos serás tan fértil como lo eras antes de ingerirla.

También evita abortos, tanto terapéuticos como voluntarios, ya que es un método de planificación familiar efectivo y de seguridad anticonceptiva. Por tanto, evita muertes maternas y vidas destrozadas por embarazos no deseados.

Es terapéutica en sí misma (benéfica) para las mujeres que padecen endometriosis, que es una inflamación muy dolorosa de la pared interna de la matriz. También protege de la enfermedad pélvica inflamatoria que causa esterilidad. La píldora da mayor preservación ósea: protege de la descalcificación y de una futura osteoporosis. A largo plazo, las consumidoras de la píldora tienen menos probabilidades de padecer la dolorosa artritis reumatoide en sus articulaciones. Asimismo es útil para evitar la anemia por sangrados abundantes.

Algunas píldoras ejercen un efecto protector contra los quistes benignos de ovario y senos. De igual manera protegen contra infecciones de matriz, trompas y ovarios, ya que al espesar el moco del cuello uterino impiden la penetración de muchos de los microorganismos que habitualmente las causan. También se ha visto que su uso disminuye la incidencia de cáncer de ovario y matriz.

Existen algunas píldoras llamadas "de belleza" (ver "Otras píldoras" más adelante), ya que mejoran drásticamente el acné en la piel, por su composición específica para ello. Pregunta a tu médico cuáles son recomendables si tienes este problema.

Inconvenientes de la píldora

Algunos inconvenientes son leves, sin importancia para la salud, pero tal vez representan un impedimento para ti debido al tipo de vida que llevas o el ritmo de tus relaciones, por ello es mejor conocerlos para valorarlos. A la mayoría de las mujeres les sienta de maravilla, pero aquí te señalamos también lo negativo, incluso lo peor, para que estés bien informada. Otros inconvenientes serán severas contraindicaciones de las que no debes de preocuparte si haces bien las cosas, puesto que en todo momento te reiteramos que el doctor (y sólo él), después de una revisión y un historial, es la persona capacitada para recetarte, ¡recuérdalo!

La píldora no es para ti si eres una de esas chavas olvidadizas que jamás toman los medicamentos a sus horas. En este caso es mejor que busques otro método anticonceptivo para cuidarte, porque aquí toda la eficacia consiste nada más en la manera adecuada y rigurosa de tomarlas. Aquéllas que dicen que se embarazaron con la píldora, en realidad se embarazaron por las píldoras que no tomaron.

Tampoco es para ti si eres muy desordenada, cambias de bolsa constantemente y dejas tus pertenencias aquí y allá, porque más de una noche encontrarás que tienes ocho labiales pero ninguna píldora: se quedaron en tu cambio de *look*. Si tomas la píldora ésta debe permanecer siempre contigo, como tatuaje. No puedes guardarlas en tu buró y quedarte a dormir en casa de tu amiga o en un hotel con el novio sin tu píldora. Cárgalas siempre, pase lo que pase, también es una forma de evitar broncas en casa porque tu mamá las descubrió inspeccionando tu recámara durante tu ausencia.

Te recuerdo que este método anticonceptivo no es de "pago por evento". Es decir, no sirve tomarlas únicamente cuando tienes galán a la mano porque no funcionará. Es una manera permanente de sostener tu cuerpo en un estado infértil, tengas o no tengas relaciones, eso a tu ovario no le importa. Por ello, tampoco es el método ideal si sostienes relaciones solamente en primavera y otoño o si tu galán está en el extranjero y te visita en navidades. Sería absurdo estar tomando hormonas todos los días para encuentros poco frecuentes que pueden solucionarse con un condón.

La píldora puede producir sangrados entre reglas (goteo) durante los primeros meses de uso en algunas personas. Esto no es peligroso, pero sí algo incómodo.

No protege frente a las infecciones de transmisión sexual (ITS) incluido el VIH SIDA, por tanto habrás de utilizar condón si tu pareja no es segura: virgen y fiel antes de ti.

No es adecuada para mujeres que tengan algún tipo de problema circulatorio como várices porque no ayuda a la circulación en general. En fumadoras y mujeres de más de 35 años los riesgos superan a los beneficios en general. Tampoco está indicada para quienes hayan sufrido una trombosis venosa (coágulos en las venas profundas), una embolia pulmonar o un ataque al corazón. En estos casos es importante hacer saber a tu médico tu historial de enfermedades completo para buscar otro método anticonceptivo que no sea hormonal.

Durante los primeros meses puede engordarte ligeramente o hacerte retener líquidos (sólo en algunas personas); suele desaparecer con el uso. Este efecto prácticamente no aparece en el caso de la minipíldora. Otras mujeres refieren que adelgazan con la píldora y a la mayoría no les afecta en un sentido ni en otro. Lo que realmente influye sobre tu peso es lo que comes y el ejercicio que haces, mucho más que la levísima incidencia de la píldora.

Pueden aparecer manchas oscuras en el rostro de algunas mujeres producidas por las hormonas, lo mismo que en el embarazo. Esto se conoce como cloasma, melasma gravídico o popularmente como "máscara del embarazo", aunque también ocurre por causa de algunas píldoras. Habrá que usar protector solar para que no se agrave. Hoy en día también hay tratamientos estéticos blanqueadores y en todo caso se deberá pedir al ginecólogo que cambie el tipo de píldoras por otras con menos hormonas.

Puede producir náuseas en algunas mujeres durante los primeros meses: es mejor tomarla al acostarse o con alimentos para evitar esta sensación. También puede provocar dolor de cabeza en ciertos casos al comenzar a usarla, sensación de hinchazón en las mamas al principio y en muy pocos casos depresión o insomnio. Todas estas molestias no deben persistir por más de tres meses.

Si has padecido cáncer de mama, no debes de tomar hormonas incluso después del tratamiento, porque este tipo de cáncer es sensible a ellas.

Tampoco es un método recomendable si tu hígado está dañado, ya que éste es el laboratorio del organismo y es el filtro por el que circularán las hormonas de la píldora por medio de tu sangre.

No es el método adecuado para personas con hipertensión severa (presión arterial alta), ni tampoco para quienes padecen alteraciones vasculares (circulatorias) del cerebro o los ojos. No es adecuada si padeces jaquecas o epilepsia. Algunas mujeres presentan intolerancia a los lentes de contacto mientras toman la píldora, aunque no es un problema generalizado.

No es el anticonceptivo ideal para quienes tienen sobrepeso o algún problema con el metabolismo de las grasas (triglicéridos). Tampoco es indicado para personas diabéticas ni con insuficiencia renal.

Tendrás que interrumpir la ingesta y acudir al ginecólogo de inmediato si al tomarlas tienes ataques repentinos de migraña que no existían antes, ya que en algunas mujeres las arterias del cerebro reaccionan sensiblemente a las hormonas sexuales; si aparecen molestias repentinas en la vista, mareos, desmayos o dificultad en el habla; si sientes entumecimiento de un brazo o pierna; si has de permanecer en cama por un largo periodo porque aumenta el riesgo de trombosis al no moverte; si tienes un dolor repentino en el pecho o en las piernas (indica coágulos); si tienes tos con sangre o falta de aire; si tu piel se pone amarilla (ictericia) por problemas de hígado; si estás embarazada por olvidos persistentes.

Tus dudas sobre la píldora

- **Si tienes relaciones sexuales durante el primer mes de estar tomando la píldora**. Recuerda que no estás protegida y puede haber embarazo. Tendrás que reforzar tu seguridad con un condón hasta la siguiente regla.

- **Si no sabes qué día iniciar con tu primera píldora**. La primera vez que ingieras la píldora puedes hacerlo cualquier día de sangrado de la regla. Lo mejor y más práctico es esperar a tu menstruación y empezar a tomarla el primer día de sangrado.

- **Si no sabes a qué hora tomar la píldora**. Su efecto es el mismo elijas la hora que elijas, pero una vez que lo hayas hecho habrá de ser siempre a la misma hora, rutinariamente. Es más fácil para tu memoria elegir una hora en la que hagas algo que te lo recuerde: por ejemplo al despertarte cada día graba en tu cerebro que no te puedes parar de la cama porque te falta algo: ¡la píldora! Lo mismo puedes hacer si optas por la hora de acostarte, tu cerebro se acostumbrará a que no puedes porque falta algo para dormirte, pero en este último caso corres el riesgo de que tus horas y lugares de dormir varíen los fines de semana, que es cuando más olvidos de píldoras se dan, tenlo en cuenta.

- **Si se te olvidó una toma.** Si han pasado menos de doce horas de la hora en que acostumbras ingerirla, toma tu píldora en cuanto te acuerdes y continúa con la siguiente en el horario acostumbrado como si no hubiera pasado nada. Si pasaron más de doce horas de olvido, haz lo mismo, pero considera que puede haber riesgo de embarazo porque no estás del todo protegida y es mejor que utilices además otro método de apoyo como el condón hasta que venga tu regla. En el siguiente ciclo ya no tienes de qué preocuparte.

- **Si se te olvidaron dos píldoras consecutivas.** Deberás tomar dos tabletas durante los dos días siguientes, luego tomar una diaria hasta terminar el envase, y por supuesto utilizar condón hasta que venga tu regla porque puedes no estar protegida.

- **Si se te olvidaron tres píldoras** seguidas es mejor suspenderlas utilizando condón hasta que venga tu siguiente regla porque no estás protegida. Puedes reiniciar la toma de píldora diaria a partir de la regla y sentar cabeza en adelante.

- **Si no sabes si olvidaste alguna píldora.** Para esto es importante que quede señalado en el envase de tus píldoras el día de la semana que iniciaste (lunes, jueves, etcétera), sólo así podrás ver día con día si omitiste alguna porque a veces falla la memoria y confundes el día de ayer con anteayer. También por ello debes tomarlas tal y como están marcadas en el cartón del envase, sin saltarte el orden y tomando hoy una de aquí y mañana una del otro extremo, porque no tendrás control.

- **Si sales de viaje** y se terminará tu caja de píldoras lejos de casa, tendrás que llevar contigo la siguiente cuidadosamente conservada, ya que no en todos los lugares la vas a encontrar fácilmente en la farmacia, y menos en todos esos pueblitos rústicos donde a veces nos gusta pasar las vacaciones.

- **Si tienes un sangrado** mientras tomas la píldora no le des importancia, esto ocurre en algunas mujeres durante los primeros meses que la usan hasta que el cuerpo se adapta a las hormonas. Toma tus dosis de la manera habitual sin detenerte, no interrumpas el plan. Si estos desarreglos fuera de fecha persistieran más de tres meses, consulta con tu ginecólogo y contempla la posibilidad de cambiar a otro tipo de píldoras para que no te produzcan molestias.

- **Si tienes vómitos o diarrea** por otras causas mientras tomas las píldoras. Si sucede durante las dos horas siguientes a la toma de tu pastilla puede perder efectividad, así que repite la dosis y continúa con la siguiente de forma habitual. De cualquier modo puedes utilizar un método de apoyo como el condón hasta que termine el ciclo para estar más tranquila.

- **Si no baja tu regla en la fecha prevista**. Esto puede ocurrir especialmente con las minipíldoras con las que el sangrado es escaso e incluso nulo. Si tomaste tus píldoras de manera adecuada no debes preocuparte, no estás embarazada. Pero si resulta que no las estabas tomando bien, entonces hazte una prueba de embarazo y acude a tu médico.

- **Si tomas otros medicamentos** al mismo tiempo que la píldora. En general no va a afectar porque está previsto. Sin embargo, determinados antibióticos (no todos) tienden a disminuir un poco su efecto pero no como para interrumpirlo; si tomas tetraciclina, ampicilina o rifampicina refuerza la protección con un condón durante el ciclo en que los tomes. Lo mismo sucede con los laxantes, los medicamentos para bajar la presión arterial, los productos para controlar la diabetes y con algunos psicofármacos (antiepilépticos, barbitúricos, hipnóticos, antidepresivos, ansiolíticos) por lo que debes consultar siempre con tu médico: tanto hacerle saber lo que tomas antes de iniciar tu planificación con la píldora, como si después de tomarla necesitas cualquiera de los medicamentos mencionados. Ten en cuenta que a veces el ginecólogo no te pregunta por lo psiquiátrico ni el psiquiatra por lo ginecológico, por desgracia.

- **Si hay posibilidad de** SIDA u otras infecciones de transmisión sexual, porque tú o tu pareja han tenido otras relaciones, recuerda que la píldora no te protege de ellas, sólo evita el embarazo. En estos casos exige el uso de condón, no lo dudes.

- **Si sólo tienes un envase de píldoras** no dejes para última hora comprar el siguiente, evita interrupciones que den al traste con tu protección. Tal vez cuando se acaben no te encuentres en el lugar ideal para conseguir otras en cuanto las necesites.

- **Si vas a combinar la píldora con otro método anticonceptivo**, bien sea por precaución, porque no tomaste todas o para prevenir contagios de transmisión sexual, te recomiendo apoyarla con el condón, nunca con el método del ritmo ni con la temperatura vaginal (ver capítulos relacionados más adelante) porque tu ciclo ovárico natural está alterado y no se puede medir con estos métodos.

- **Si te dicen que hay que descansar de la píldora** para que se limpie el organismo de cuando en cuando: ¡no es cierto! Antiguamente se hacía esto porque se le tenía miedo y las dosis de hormonas eran muy altas. Hoy en día no se aconsejan los descansos. Las hormonas de la píldora son similares a las que naturalmente produce el organismo. Muy al contrario, los descansos o interrupciones de uno o varios meses solamente descontrolan al organismo, provocan problemas y el riesgo de embarazo es altísimo. La interrupción sólo es adecuada si tu médico indica alguna causa de salud para ello, nunca por tu cuenta.

- **Si quieres aplazar tu sangrado.** A veces sabes que va a coincidir con una competencia deportiva, con unas ansiadas vacaciones, con el encuentro romántico de tu vida o hasta con tu boda. En estos casos puedes tomar tus píldoras de manera continua, sin descanso, para evitar el sangrado en esas fechas. Lo mejor es que consultes con tu ginecólogo para saber cómo proceder según el tipo de píldora que estés tomando.

- **Si no sabes qué tipo de personas pueden tomar la píldora**, te lo diré. Siempre y cuando el médico lo autorice en cada caso, en general la píldora es para: adolescentes que ya iniciaron sus relaciones sexuales, mujeres con hijos o sin hijos, antes del primer embarazo, entre uno y otro hijo o después de un aborto.

- **Si crees que eres demasiado joven para tomar la píldora**, tal vez lo que tengas que plantearte es si eres demasiado joven para tener relaciones sexuales, si tienes la madurez suficiente. La píldora en sí misma no va a interferir en el desarrollo de tu cuerpo ni de tu crecimiento, pero tal vez el novio sí.

- **Si te dicen que la píldora provoca esterilidad** grita: ¡no es cierto! De ser así, pues ya tendríamos resuelto el problema de la humanidad sin necesidad de que nadie se opere. Con una hormona no se modifica un funcionamiento que viene incorporado en cada mujer como especie. Tu fertilidad tarda máximo tres meses en recuperarse, normalmente menos; pero eso sí, en el mismo grado que poseías antes de tomar la píldora, ni más ni menos. Si tenías algún otro problema que te impedía tener hijos tendrás que resolverlo igualmente.

- **Si piensas que te va a dar cáncer por tomar la píldora**, hasta la fecha no se ha comprobado. Todos los estudios internacionales a largo plazo durante medio siglo no demuestran mayor incidencia de cáncer femenino en mujeres que toman la píldora. La incidencia del cáncer es igual que en el resto de las mujeres y depende más de una herencia familiar que predispone a padecerlos. No obstante, cuéntale a tu médico de las enfermedades en tu familia antes de decidir tu plan anticonceptivo, para que te asesore sobre el más conveniente para ti de acuerdo con tu historial.

- **Si temes tener hijos tarados por haber tomado la píldora**, pues te diré que serán igual de guapos o feos, portentos o mensos, listos o tontos que si no la hubieras tomado. La píldora no afecta este proceso. No crea malformaciones ni tampoco provoca que tengas gemelos ni trillizos. Si los tienes es por herencia.

- **Si tu novio te da píldoras dile: ¡no!** Jamás confundas a tu galán con tu ginecólogo, a menos que lo sea. Tu pareja sexual no está capacitada para recetarte hormonas por mucho que quiera ahorrarte pasos para llevarte a la cama. Si está tan interesado en colaborar, que te acompañe al ginecólogo, o de plano que se ponga un condón que no tiene contraindicaciones, ¿no crees?

- **Si tu novio te dice que él toma píldoras anticonceptivas** y que no hace falta que tú te cuides, te está viendo la cara o de plano es bobo. No existen estas píldoras para los hombres, de momento, y aunque surjan de un día para otro, confía en lo que tú manejas, nunca dejes tu protección en manos de otro.

- **Si te dicen que a las vírgenes no les conviene la píldora** porque provoca esterilidad o cualquier otra majadería por el estilo, no lo creas. Antes de tu primera relación sexual discute en pareja y con el doctor tu protección y, en el caso de la píldora, inicia por lo menos un mes antes. A tus ovarios no les importa si tu vagina está intacta o si pasó por allí todo un batallón, eres igual de fértil y corres el mismo riesgo de embarazo y de contraer enfermedades. Recuerda siempre que la píldora no te protege del contagio, sólo el condón es útil para ello.

- **Si compras una nueva caja de píldoras** hazlo en una farmacia seria, no vayas a proveerte en un tianguis ni aceptes restos ajenos de dudoso origen porque te puede costar un disgusto. No obstante, verifica la fecha de caducidad y sus condiciones de conservación antes de utilizarlas. Cuando tú la guardes habrá de ser en un lugar fresco y seco o siguiendo las indicaciones de cada fabricante en el envase; no las maltrates que son un producto delicado.

- **Si tienes prevista una intervención quirúrgica** debes dejar de tomar la píldora un mes antes de la operación y no reiniciar hasta un mes posterior de la misma. Ello es porque aumenta el riesgo de formación de trombos en tus venas. Ten en cuenta esto para cualquier cirugía, aunque sea estética para mejorar tus senos; una vez más, los cirujanos plásticos no preguntan sobre lo ginecológico, ni los ginecólogos acerca de lo plástico. Como si fueras una persona diferente.

- **Si tienes que pasar una convalecencia** en cama, reposo físico, inmovilización o una pierna enyesada, es mejor interrumpir la píldora durante ese periodo porque estarás más sensible a la formación de coágulos en las venas.

- **Si no sabes cuándo regresar al ginecólogo.** Una vez que estás tomando la píldora es ideal que vayas a revisión inicial al cabo de tres meses, para valorar efectos, contraefectos y si es la píldora ideal para ti o conviene cambiar de marca. De ahí en adelante bastará con una revisión anual para tener la tranquilidad de que todo está bajo control.

- **Si crees que tu cuerpo se llena de hormonas** por tomar la píldora, no te preocupes. Más bien es al contrario. Mientras tomas la píldora tus ovarios dejan de producir las hormonas habituales; es decir duermen, descansan.

- **Si quieres dejar de tomar la píldora**. Es mejor hacerlo al terminar un envase para no alterar tu ciclo hormonal, pero puedes hacerlo en cualquier momento y no será grave, siempre que recuerdes que ya no estás protegida frente al embarazo. Al dejar de tomarlas tu sangrado aparecerá entre los dos y cuatro días siguientes, pero la próxima regla puede ser un poco más tardada de lo habitual, entre cuatro y seis semanas, sin que debas de preocuparte por ello. Si deseas embarazarte, tu fertilidad regresará en los primeros meses.

- **Si has tenido parto o aborto reciente** consulta a tu médico sobre la fecha para iniciar tu protección anticonceptiva con la píldora, y mientras tanto protégete con condón, no corras riesgos porque son momentos delicados.

- **Si estás amamantando** es un periodo propicio para quedar embarazada sin darte cuenta. Por lo general no vas a ovular (a ser fértil) hasta pasadas diez o doce semanas del parto, pero estarás ovulando antes de que veas tu primera menstruación, sin previo aviso, es en ese momento cuando corres riesgos. Lo ideal es protegerte con minipíldora que contenga sólo progestinas, ya que los estrógenos de la píldora combinada pasan por la leche al bebé, además de disminuir la cantidad de alimento y su contenido en proteínas y grasa. Consulta esto con tu ginecólogo para tomar las precauciones debidas.

- **Si estás embarazada** porque tomaste mal tus píldoras con olvidos permanentes, no lo sabrás hasta que falte tu primera menstruación. El hecho de que hayas tomado píldoras tras haber concebido y antes de enterarte no causa trastornos en el feto. Pero una vez que lo sepas interrúmpelas de inmediato porque no benefician el desarrollo del embarazo.

- **Si temes que la píldora te mate**, te diré que las probabilidades de morirte por un embarazo normal o por un aborto son mucho mayores que por tomar la píldora.

- **Si crees que la píldora no está bien investigada**, te diré que cada día 700 millones de mujeres en el mundo la toman. Es el producto farmacéutico más investigado en la historia de la medicina. Muchos de sus efectos secundarios negativos y sus mitos se refieren a las primeras píldoras con dosis alta de hormonas. Actualmente se trabaja con dosis bajas que han sido reducidas al mínimo.

Otras píldoras

Hasta aquí te hemos descrito básicamente las más habituales: la píldora combinada con dos hormonas, y la minipíldora con una sola. Pero existen pequeñas variedades que no está de más conocer por curiosidad, y si ya quieres ser una sibarita de la píldora, pero por favor que no sirva para confundirte con lo básico y fundamental que te he descrito hasta ahora.

La "píldora de belleza" o "píldora cosmética". Se le llama así a una variedad de píldora que por sus componentes, además de ser igualmente eficaz como anticonceptivo, tiene un efecto muy positivo sobre el acné leve y moderado, ayuda a bajar de peso y mejora la calidad del cabello. Su efecto es antiandrógeno (anti hormonas masculinas) por ello también mejora la piel grasosa y el vello facial (hirsutismo) que a algunas mujeres atormenta como pelusilla en el rostro, bigotillo o barbitas. Si tienes alguno de estos problemas consulta con tu médico la conveniencia de tomarla.

La micropíldora es la misma píldora combinada (de dos hormonas) pero con una dosis bajísima de estas sustancias. Con ello se logra reducir al mínimo o incluso anular los efectos secundarios y muchas de sus contraindicaciones. Pero no todas las mujeres mantienen al ovario quieto con estas microdosis, por ello debes consultar con tu médico la conveniencia de tomarlas. No la confundas con la minipíldora que es con una sola hormona, esta es combinada y se conoce en medicina como micropíldora (bajo diferentes nombres comerciales).

La "píldora trifásica" se llama así porque varía su composición en tres fases, a diferencia de la píldora clásica que es monofásica (de una sola fase). En la píldora trifásica las pastillitas no son iguales y con la misma dosis de hormonas todos los días como ocurre con las otras, tampoco tienen placebo ni píldoras de engaño. Se trata de una imitación exacta del ciclo natural de la mujer, al consumirla debes de seguir exactamente los días que se irán sucediendo con tres colores que señalan tres dosis diferentes. De acuerdo con el momento del mes son más altas o más bajas. Tienen la ventaja de que utilizan específicamente cada día la dosis mínima necesaria, por ello rara vez presentan efectos secundarios y no repercuten en tu peso. Pregunta a tu médico sobre ellas, son muy modernas.

Existe una presentación de píldoras que incluye en el envase una especie de reloj con alarma que tú programas para que suene todos los días a la misma hora, con el fin de recordarte que debes de tomar tu píldora. Pero si eres de las que no sabe donde dejó la bolsa o las píldoras, es tan inútil como un celular que no está contigo. De cualquier modo esta píldora no tiene nada especial en su composición que la haga diferente a las clásicas, es sólo el artilugio del avisador.

"La píldora estacional" o "Seasonale" se está promoviendo en el mundo con gran éxito. Con ella solo hay cuatro reglas al año, una por trimestre, porque se toma durante 81 días de forma continua. Hay gente aterrada con este hecho, pero en verdad la preocupación carece de fundamento científico. Ahora la mujer está soportando más menstruaciones que nunca en la historia, más que sus madres y sus abuelas. La primera menstruación se adelantó de los trece a los diez años, ha descendido la natalidad, se amamanta menos y se atrasa la menopausia porque la mujer vive más. De modo que antes sangraban unas 160 veces en su vida y ahora se alcanzan las 450 reglas como media. Suprimir menstruaciones no deja a la mujer atragantada ni atorada. La misión de la regla es limpiar la descamación del interior de la matriz que se hinchó a consecuencia de la ovulación, pero como con la píldora no hay ovulación, pues tampoco se forma ese tejido añadido.

La "píldora de emergencia" tiene la misma composición que las demás píldoras pero se maneja en dosis distintas, específicamente en sobredosis útiles para solucionar un apuro extraordinario. Para este asunto consulta en este libro el capítulo dedicado a ella.

Breve historia de la píldora

La píldora fue creada por el químico austriaco Djerassi, en 1951; perfeccionada por el norteamericano Pincus en 1955 y circuló en las farmacias a partir de 1959 con el nombre de Enovid; así nació la primera píldora anticonceptiva para las mujeres. Esto no quiere decir que en México dispusiéramos de ella en esas fechas. Las leyes de mercado por un lado y la "mochez" latina por otro, hicieron que tardara casi diez años en estar disponible en nuestras farmacias, y aún hoy en día hay gente que le hace ascos y le pone trabas. Pero sin duda se puede decir que este descubrimiento cambió la historia de la mujer o la de la humanidad, que es lo mismo en este caso. Antes de esa fecha no existía un método anticonceptivo seguro y fiable. Apenas vanos intentos más llenos de fallos que de otra cosa: embarazos no deseados, abortos que acababan con la vida de la madre, promesas de matrimonio incumplidas al ver las consecuencias y, sobre todo, sexo aterrador para las hembras humanas. De placer, ni hablar. Sexo con miedo porque el placer se castigaba con el embarazo no planeado. Sexo y embarazo venían a ser lo mismo, no se podían separar de manera certera. De modo que poco se podía platicar acerca de sexualidad femenina o de orgasmos, el gozo estaba secuestrado por la fertilidad y no había cómo separarlo. Por ello el descubrimiento de la píldora se considera un parteaguas en cuanto a liberación femenina y a la historia de la mujer actual con derecho al placer, dueña de su sexualidad y de su cuerpo.

El parche anticonceptivo

Es un parche de reciente aparición en las farmacias mexicanas que se pega sobre la piel y te da protección anticonceptiva permanente, haciendo pasar las hormonas poco a poco y de manera continua a través de la piel a todo tu organismo. Hablaremos en femenino porque una vez más —¡qué raro!— fue diseñado para la mujer.

Aunque es novedoso entre nosotros, en Europa y Estados Unidos ha sido ya probado largamente con más de 70 000 parches utilizados por 3 300 mujeres hasta el momento.

¡Ojo! Cuando hablamos del parche, no es cualquier parche, es un parche anticonceptivo especial. No es el parche de nicotina, ni el que se utiliza para el dolor de espalda. Tal vez parece estúpido aclararlo, pero mis ojos han visto cosas increíbles y prefiero parecer obvia, no dejar lugar a dudas y que alguna salga embarazada. He visto chavas que creyeron que la píldora era cualquier píldora, y he visto a mujeres no tan chavas que creyeron que los antidepresivos eran lo mismo que los anticonceptivos y tenían sexo tan contentas hasta que se deprimieron de nuevo al ver las consecuencias.

Así que te aclaro que el parche anticonceptivo contiene las mismas hormonas (dos) que la píldora anticonceptiva combinada, aunque varía la forma de aplicación. En vez de tener que ingerir una pastilla todos los días, nada más te pegarás un parche en el cuerpo una vez por semana. A través de la piel hace una penetración transdérmica, de la misma manera que lo hacen las pomadas medicinales. Por ello se conoce también con el nombre de "parche transdérmico" (a través de la piel) o "parche hormonal", porque contiene hormonas.

La inyección anticonceptiva contiene las mismas hormonas, así como el anillo vaginal y el implante bajo la piel, pero con distintas dosis y formas de aplicación mismas que puedes consultar en el capítulo correspondiente.

Su mecanismo de actuación sobre el organismo es también casi igual al de la píldora, y por tanto es necesario recibir consejo médico previo a utilizarlo, para saber si eres candidata a las hormonas o si en tu caso, ¡personal y particular!, es mejor otro método anticonceptivo.

Pero es importante que sepas que su protección anticonceptiva sólo es eficaz si lo usas todo el tiempo, tengas o no relaciones sexuales. Tampoco es de "pago por evento" y no se puede utilizar a ratos.

Sin embargo es un método anticonceptivo temporal, no definitivo. Lo puedes usar por periodos tan largos o cortos como lo necesites, lo mismo que la píldora, recuperarás tu fertilidad en los primeros meses que dejes de usarlo. Su efecto es reversible.

Cómo utilizar el parche

En la farmacia mexicana encontrarás una sola marca comercial que los fabrica y que tiene la patente. En cada caja vienen tres parches que te servirán para un mes.

Cada parche surte efecto durante una semana adherido a tu piel. Deberás cambiarlo inmediatamente por otro a la segunda semana, y lo mismo a la tercera hasta agotar la caja con los tres parches. La cuarta semana no te pondrás nada y vendrá la regla. La siguiente semana vuelves a iniciar con el primer parche de un nuevo envase y así sucesivamente.

La primera vez que utilices el parche, debes ponértelo el primer día de tu menstruación. Luego cambiarás el parche el mismo día de cada semana: si empezaste en lunes, el lunes de la siguiente semana; si iniciaste en jueves, al siguiente jueves, etcétera. No importa la hora del día en que lo cambies, es más flexible con el reloj que la píldora. Para recordar el día de cambio de parche anótalo en tu agenda y graba en tu mente una alerta o un recordatorio especial como: hoy es... ¡cambio de parche!

Tras la semana de descanso (la cuarta), necesitarás una nueva caja con tres parches para el mes siguiente, no olvides preverlo con antelación. Volverás a utilizar un nuevo parche en la quinta semana y el mismo día que venías haciéndolo respecto a los anteriores, y así sucesivamente.

Lo puedes pegar en cualquier parte de tu cuerpo excepto en el busto, por las hormonas. Se trata de que resulte cómodo y no ostentoso, no tienes por qué pregonar al mundo que tienes sexo activo. Lo más recomendable es el vientre, la nalga, la parte alta y externa del brazo o la parte superior de la espalda hacia el hombro. Conviene que sean zonas regulares, no accidentadas y huesudas como el espinazo porque será más difícil mantenerlo pegado al hacerse huecos. Evita zonas de roce con las costuras o bordes de la ropa porque lo friccionarían en exceso. Evita también las zonas en que la piel esté lastimada. En general el pegamento no produce hipersensibilidad, pero si tu piel se enrojeció levemente con un parche, cambia de zona para colocar el siguiente.

Conviene que antes de colocar el parche, la piel esté limpia y seca, sin cremas ni lociones y sin vello, ¡ojo! Si eres muy velluda depila con antelación la zona para una mejor adherencia y, sobre todo, para evitar arrancones al cabo de una semana. Tendrás que presionar firmemente durante diez segundos (contando lentamente de uno a diez) para asegurarte de que esté bien adherido.

Después de colocarlo, no apliques sobre éste cremas, aceites, lociones ni otro tipo de sustancia para evitar que se despegue. Ni siquiera pongas cerca de él maquillajes corporales, brillantinas, ni polvos —aunque sean de talco—, tampoco bronceadores, con estos productos puedes provocar que se afloje.

El pegamento está especialmente diseñado para el parche y permite hacer ejercicio y sudar, nadar, correr y saltar, bañarte cuanto quieras y hacer el amor de manera arrebatada sin que éste se despegue. Por el contrario, al cabo de una semana podrás desprenderlo de la piel sin llevarte el pellejo con ello. Tiene alta adherencia aún en climas extremos (calor o frío). De hecho la penetración de medicamentos a través de la piel es bien conocida desde hace muchos años, pero costó desarrollar un pegamento que cumpliera estos requisitos de comodidad para usarlo de manera continua.

Es muy posible que a medida que avanza la semana se forme un anillo de suciedad alrededor del parche: no lo limpies porque lo aflojarás, olvídate de él. Cuando llegue el día que te toca cambio de parche entonces podrás hacerlo, no antes. Basta un algodoncito empapado en alcohol y no quedará marca.

Lo que sí te digo es que por muy artista que te sientas, no conviene adornar ni recortar el parche, no lo hagas. Si escribes sobre él, si lo pintas o modificas su forma, puedes estar alterando seriamente la cantidad de hormonas que pasan a través de la piel y correrás el riesgo de salir embarazada.

Ventajas del parche

La principal es que las hormonas que pasan a través de tu piel no tienen que atravesar el hígado en su recorrido circulatorio por la sangre, cosa que sí ocurría con la píldora porque transitaba por la vía digestiva. Por tanto, su efecto sobre tu cuerpo es más saludable y menos dañino en caso de debilidad hepática.

Tampoco las hormonas tienen que atravesar tu estómago. Pasan directamente de la piel a la sangre, por ello el parche es eficaz como anticonceptivo; aunque tengas vómitos o diarrea, no le afecta como en el caso de la píldora.

Tiene altísima eficacia anticonceptiva, casi del cien por ciento al igual que la píldora.

Es cómodo porque evita estar tomando una pastillita todos los días. Es más práctico que la píldora para las olvidadizas porque se cambia cada semana.

Está en tus manos, no dependes de que tu pareja se resista o manipule tu fertilidad. Es muy fácil de usar y lo puedes manejar por ti misma para cambiarlo sin necesidad de ayuda especial. Es liso, muy delgado, suave, color piel, cuadrado y mide 4.5 centímetros por lado.

Permite que tengas relaciones sexuales en cualquier momento dependiendo de tu ritmo vital y afectivo, sin calcular fechas ni días porque tienes protección anticonceptiva per-

manente. Tampoco tienes que interrumpir el momento erótico diciendo "espera un momentito", lo que da al traste con
el romanticismo. Siempre está puesto y listo.

No genera aumento de peso, vello facial o cambios de
humor. No mejora el acné pero tampoco lo provoca. Evita
los cólicos y regulariza el ciclo.

Lo puedes usar por largos periodos en tu vida con las correspondientes revisiones médicas. No precisas periodos de
descanso de meses para "limpiar" el organismo, solamente
dejas de ponértelo la cuarta semana de cada ciclo.

Es temporal y reversible. Esto quiere decir que si decides
tener un bebé puedes dejar de usar el parche y tu fertilidad
regresará en los próximos dos meses.

Al igual que la píldora, tiene un efecto benéfico para prevenir la endometriosis, los quistes benignos y muchas infecciones genitales (no todas) porque engruesa el moco que
tapona la entrada a la matriz haciendo de filtro. También
protege de muchos otros padecimientos no sexuales, de la
misma manera que lo hace la píldora (ver "La píldora").

Evita abortos, tanto terapéuticos como voluntarios, ya que
es un método de planificación familiar efectivo y de seguridad anticonceptiva. Por tanto evita muertes maternas y vidas
destrozadas por embarazos no deseados.

Inconvenientes del parche

Al tratarse de hormonas al igual que la píldora, no debes
decidir usarlo por tu cuenta sin consultar antes al médico.
No todas las mujeres son candidatas a recibir estas sustancias como anticonceptivos. Si el ginecólogo las autoriza después de revisarte, entonces podrás usarlo de ahí en adelante.

Tampoco es el método ideal para las muy, muy, muy olvidadizas como en el caso de la píldora, porque tampoco te

acordarás de cambiar el parche cada semana en el día exacto. Aquéllas que dicen que se embarazaron con el parche se equivocan; sucedió con el que no se pusieron o no se cambiaron en la fecha indicada.

Es poco discreto en la intimidad. Con la ropa puedes ocultarlo, pero a la hora de la hora tu pareja lo verá y de seguro te hablará de él y cuestionará por qué lo llevas durante largo rato. Tal vez no te importe, incluso lo hayan decidido juntos. Pero puede ocurrir también que lo consideres asunto tuyo y no te apetezca dar explicaciones.

Aunque el pegamento es bueno, siempre existe el riesgo de que se desprenda y te cause problemas al manejarlo y adherencia al intentar colocarlo nuevamente. Tendrás que vigilar cada día que el parche esté bien pegado, no puedes correr el riesgo de una desaparición fortuita que provoque un embarazo no deseado.

En general, se tolera bien en la piel, pero hay determinadas mujeres que pueden presentar enrojecimiento y en ese caso será mejor buscar con tu médico otro método alternativo.

El parche no te da protección anticonceptiva absoluta desde el primer día que lo colocas. Hay que esperar a que el organismo esté controlado por las hormonas que le suministramos. Así que, por seguridad, durante el primer mes utiliza como apoyo el condón si es que tienes relaciones sexuales.

El parche no protege en ningún momento contra el VIH SIDA ni otras infecciones de transmisión sexual, sólo evita el embarazo. De modo que si tu pareja no es segura tendrás que utilizar condón para evitar contagios.

Si tienes sexo pocas veces al año no merece la pena que estés con parches todo el tiempo, es demasiada inversión de tu persona para poco rendimiento. En esos casos es mejor usar condón que no le va a doler al novio por mucho que se resista.

Para mujeres fumadoras o con problemas circulatorios, el parche no será el método anticonceptivo ideal, al igual que la píldora. Consulta a tu médico para conocer otras alternativas. De cualquier modo, evita fumar mientras utilices el parche.

No es para ti el parche si pesas más de 90 kilos puesto que su dosis hormonal se pierde en las grasas acumuladas en el cuerpo y resulta insuficiente para darte una protección anticonceptiva. Tu médico te dará otras opciones.

En algunas mujeres el parche puede producir malestar mamario, tensión y dolor en los pechos que es una advertencia para su retiro. Tu médico te propondrá otros métodos alternativos.

En cuanto a las contraindicaciones absolutas y motivos para retirar el parche observa los mismos que para la píldora (ver el apartado "Inconvenientes de la píldora").

Los parches son algo más caros que la píldora y además de momento no los proporcionan gratuitamente en la Secretaría de Salud. Tal vez con el tiempo se solucione esto, pero en el presente es una inversión personal que tendrás que hacer si quieres utilizarlo.

Tus dudas sobre el parche

- **Si olvidaste reponer el parche** el día exacto de la semana que te toca, póntelo en cuanto te acuerdes, no interrumpas tu plan anticonceptivo. El parche contiene algo más de medicamento que la semana exacta, pero no mucho más. Para tener seguridad es mejor que utilices condón como apoyo durante ese ciclo hasta la regla siguiente. Después vuelve la normalidad.

- **Si utilizas otro método de apoyo** además del parche para evitar contagios o por algún olvido, que sea el condón. No se te ocurra fiarte de los llamados días fértiles del calendario ni de la temperatura vaginal, porque además de que no evitan el contagio no funcionarán como anticonceptivo porque tu ritmo está modificado por las hormonas.

- **Si aparece algo de sangrado** cuando empiezas a utilizar los parches, no te preocupes, desaparece por sí mismo. En caso de persistir, cosa que ocurre raramente, consulta a tu médico quien buscará contigo otro método anticonceptivo.

- **Si no baja la regla el día previsto** no te preocupes. Debes seguir con tus fechas exactas de parches independientemente de cuándo se presente el sangrado. La mayoría de las veces ocurrirá durante la cuarta semana en que no tienes parche, pero puede suceder también en los primeros días del uso del siguiente parche. No alteres tu ritmo de parches, es lo más importante.

- **Si quieres cambiar de lugar el parche** no lo hagas mientras lo tienes puesto, perdería adherencia y efectividad. Espera a completar la semana con el parche adherido en ese lugar aunque te resulte incómodo, y cuando te toque cambio de parche podrás elegir mejor la ubicación que te acomode.

- **Si tomas otros medicamentos** mientras utilizas el parche, consulta su conveniencia con tu médico antes y durante el tratamiento. La mayoría no interfiere, pero es mejor asegurarse en cada caso.

- **Si quieres aplazar tu sangrado** por alguna ocasión muy especial, bastará con que utilices un cuarto parche seguido del tercero, sin descanso semanal. Si lo haces ocasionalmente no te traerá problemas. Pero de cualquier modo es mejor planificar esta extraordinaria opción con tu médico, quien te ayudará a incluirla en tu calendario y a recuperar luego el rimo mensual.

- **Si sales de viaje** y te toca usar un nuevo parche lejos de casa, tendrás que llevar contigo el siguiente paquete que debe ser conservado cuidadosamente, ya que no en todos los lugares los encontrarás fácilmente en la farmacia, y menos en esos pueblitos rústicos donde a veces nos gusta pasar las vacaciones. Recuerda que son peligrosos los amores de verano y los de Navidad también.

- **Si quieres abandonar el parche** por algún motivo de peso, es mejor hacerlo a partir del sangrado de la semana de descanso y no a mitad de un ciclo, tu organismo estará así más regulado.

- **Si tienes miedo a quedarte estéril** por utilizar el parche, es eso, miedo nada más, mito simplemente. No es cierto. Tu fertilidad regresará en un máximo de dos meses.

- **Si no sabes cuándo régresar al ginecólogo**. Una vez que estás utilizando el parche es ideal que vayas a revisión inicial al tercer mes de haber iniciado el tratamiento, con el fin de valorar efectos, contraefectos y saber si es el método ideal para ti o conviene buscar otra alternativa. En adelante bastará con una revisión anual para tener la tranquilidad de que todo está bajo control.

- **Si crees que tu cuerpo se llena de hormonas** por el parche, no te preocupes. Más bien es al contrario. Mientras usas el parche tus ovarios dejan de producir las hormonas habituales, es decir duermen, descansan.

- **Si compras una nueva caja de parches** hazlo en una farmacia seria, no vayas a proveerte en un tianguis ni aceptes restos ajenos de dudoso origen porque te puede costar un susto. No obstante, verifica antes de utilizarlos su fecha de caducidad y sus condiciones de conservación. Cuando lo guardes, que sea en un lugar fresco y seco o siguiendo las indicaciones que da cada fabricante en el envase, no los maltrates que son un producto delicado.

- **Si eres virgen** y planeas iniciar tu vida sexual cuidándote con el parche, lo primero es acudir al ginecólogo para saber si eres apta. Pero además ten en cuenta que tendrás que utilizarlo mínimo durante un mes antes de que tengas sexo para que estés protegida: no puedes salir del consultorio, ponerte un parche e irte a un motel porque saldrás con tu "domingo siete". De cualquier modo recuerda que no te protege de contagios sexuales, por ello el condón es una buena opción porque sí lo hace, sólo hace falta que tu galán se lo ponga.

- **Si has tenido parto o aborto reciente** consulta directamente con tu médico sobre la fecha para iniciar tu protección anticonceptiva con el parche u otro método, y mientras tanto protégete con condón, no corras riesgos que son momentos delicados.

- **Si estás amamantando** no te conviene el parche porque lleva dos tipos de hormonas que afectan la cantidad y calidad de la leche. Pero no por ello dejes de protegerte porque es un periodo peligroso en el que puedes quedar embarazada sin darte cuenta.

- **Si estás embarazada** porque utilizaste mal tus parches, no lo sabrás hasta que falte tu primera menstruación y te hagas una prueba de embarazo. El hecho de que hayas seguido con las hormonas del parche tras haber concebido y antes de enterarte, no causa trastornos en el feto. Pero una vez que lo sepas, interrúmpelo de inmediato porque no beneficia el desarrollo del embarazo.

- **No confundas este parche** trasdérmico (a través de la piel), con el implante subdérmico (bajo la piel) que puedes consultar más adelante en el apartado "Implante anticonceptivo".

Una vez al mes...

El anillo vaginal

Esto sí que es la última novedad que ya hizo furor en Europa. Se trata de un anillo de plástico flexible que la mujer coloca al fondo de su vagina una vez al mes y da total protección anticonceptiva. Existe en su versión perfeccionada desde 1991 pero en México se comercializó apenas a finales de 2005. Seguimos hablando en femenino a la hora de evitar el embarazo.

El anillo vaginal es tan eficaz como la píldora porque contiene las mismas hormonas, bien sean dos como en la píldora combinada o una sola como en la minipíldora (ver capítulo "La píldora". Lo novedoso aquí es la forma de administrarlo, una vez al mes y te olvidas. Pero precisamente por tener la misma composición que los anticonceptivos hormonales, tendrás que consultar al médico antes de decidirte por este método para ver si tu historial y estado de salud te permiten utilizarlo. Si el ginecólogo dice que eres apta, de ahí en adelante será cosa tuya manejarlo.

¡Ojo! Nuevamente voy a parecer obvia pero no importa. El anillo vaginal no es cualquier anillo que tú te pongas en la vagina. Es un anillo anticonceptivo que se vende en farmacias con receta médica. Y lo digo porque el silencio a veces nos mata, y no faltará por ahí alguna despistada o un novio que se pase de listo y te diga que con el diamante de compromiso es suficiente.

El anillo (el de verdad) colocado en la vagina va liberando hormonas anticonceptivas en una dosis constante y baja, suficiente para que no te embaraces, pero sin muchos de los inconvenientes de otros métodos que contienen dosis altas.

Las hormonas que libera, al igual que ocurre con la píldora, te protegerán frente al embarazo de dos maneras. Por un lado, impiden que tu ovario libere óvulos (células fértiles), y además espesan el moco del cuello de la matriz bloqueando la entrada de espermatozoides.

El anillo vaginal tiene la misma composición que el parche anticonceptivo, la inyección anticonceptiva y el implante hormonal bajo la piel.

Este método tampoco es de "pago por evento". Es decir que no lo puedes utilizar a ratos sí y a ratos no. Tengas o no tengas relaciones sexuales, es una manera de mantener tu organismo en un estado de infertilidad permanente. Si no lo utilizas de manera sistemática puedes salir embarazada porque tus hormonas no están controladas y no pueden estarlo sólo a momentos.

No confundas este nuevo anillo anticonceptivo con el diafragma de toda la vida, aunque ambos se coloquen en la vagina son muy diferentes. El diafragma es un tapón vaginal que se coloca para cada relación, un método mecánico muy antiguo que nada más tapona la entrada a la matriz de los espermatozoides (ver apartado "El diafragma"). En cambio este anillo anticonceptivo vaginal del que hablamos es de reciente descubrimiento, de uso continuo y liberador de hormonas.

También conviene aclarar que aunque el anillo se coloca en la vagina, no es un método de barrera local como la esponja (ver sección correspondiente) u otros tapones. En el anillo su acción es local, pero también hormonal y general a través de la sangre impidiendo que ovules.

Cómo utilizar el anillo vaginal

El anillo es elástico, por tanto no tendrás ningún problema en apretarlo entre tus dedos y deslizarlo al interior de tu vagina donde recuperará su forma. El anillo tiene poco más de cinco centímetros de diámetro y tan sólo cuatro milímetros de espesor.

Para insertarlo es más fácil si subes un pie sobre una silla, postura que dejará abierta tu vagina para que lo coloques sin dificultad. No temas que se trate de una maniobra rara, es tan sencillo que todas las mujeres pueden hacerlo, no necesitas tomar un curso de manualidades previamente, no te asustes.

No te preocupes por la forma o posición en que quedó colocado, es lo de menos, su eficacia no depende de ello.

Dejarás el anillo en tu vagina durante tres semanas consecutivas. Luego lo retiras y durante esa semana de descanso vendrá la regla. La quinta semana insertas uno nuevo y así sucesivamente. Cada anillo te protege así durante un mes.

Para retirarlo utiliza la misma postura con una pierna apoyada en alto, introduce tus dedos hasta palpar el anillo y jala de él suavemente, así de sencillo. No duele, más bien da gustito.

Para las maniobras destinadas a colocar o retirar el anillo cuida la higiene de tus manos para que no sean vehículo de infecciones. Jabónalas antes durante varios minutos utilizando cepillo de uñas para garantizar que no queden restos de mugre bajo ellas. Ten en cuenta que no sólo la suciedad sino restos de comida orgánica pueden infectar tu vagina. Y por supuesto si anduviste tocando chiles (no es albur) pues para qué te cuento el ardor que te puede provocar.

En general busca un momento tranquilo en que estés a solas y en un ambiente relajado para realizar esta maniobra tranquilamente, nada de asesorías espontáneas de las comadres (y menos del galán) que no harán mas que ponerte nerviosa. Es tu cuerpo, tu tiempo y tu protección, motivo de serenidad y alegría, no de crispación infantil.

Ventajas del anillo vaginal

No se nota. No lo sentirás porque se coloca en el fondo de la vagina y los dos tercios superiores no son sensibles al tacto, no te causará ninguna molestia.

Tampoco lo notará tu pareja, que no se haga. Muchos hombres presumen de penes periscópicos y dicen que todo les lastima. Es más bien sugestión que se genera al saber que lo llevas puesto. En todo caso, si lo llegara a notar, le dará más gusto el roce que otra cosa.

No se cae hagas lo que hagas. Tu vagina está en posición prácticamente horizontal respecto a tu cuerpo, no vertical como creemos. De cualquier modo la presión muscular que existe en su interior es más que suficiente para mantener el anillo vaginal en su sitio, evitando que lo pierdas en el camino.

No interfiere en la espontaneidad sexual porque no lo colocas para cada acto sino que lo llevas insertado permanentemente. Tampoco tendrás que limitar tus encuentros a horas o fechas, la protección es continua.

Tiene la misma eficacia anticonceptiva que la píldora, prácticamente del cien por ciento si lo colocas y lo mantienes adecuadamente.

Sólo tienes que ocuparte de recordar tu método una vez al mes, a diferencia de la píldora que debe tomarse a diario o del parche que se cambia todas las semanas. Por ello su eficacia es aún mayor porque disminuyen los errores de olvido.

Es muy fácil de usar, tú misma lo manejas y no dependes de lo responsable o irresponsable que sea tu pareja. La protección está en tus manos.

No tendrás que dejar envases de testigo en tu recámara ni en tu bolsa, el anillo lo llevas en tu interior. Nadie lo nota, sólo tú lo sabes. Aquí no hay presencia visible como en el caso del parche.

No alterará tu peso ni te creará muchas de las molestias secundarias que puede tener la píldora porque su dosis de hormonas es muy baja. Además algo importantísimo: las hormonas del anillo vaginal no pasan por el hígado, cosa que sí ocurre con la píldora. Por tanto, su tolerancia es mayor.

Regulariza el ciclo menstrual, disminuye el sangrado y tiene un efecto benéfico para aquellas que padecen cólicos menstruales, indisposición o alteraciones de humor y estado de ánimo.

No disminuye su efecto si padeces de vómitos o diarrea (como ocurre con la píldora) porque no pasa a la sangre por vía digestiva, no le afecta.

Puede utilizarse por largos periodos, desde la adolescencia hasta la menopausia, siempre y cuando acudas a revisiones médicas anuales (que de cualquier modo debes hacer). No necesitas largos periodos de descanso, al contrario, es más eficaz cuanto más lo uses sistemáticamente.

Es temporal y reversible, no es definitivo. De modo que si quieres recuperar tu fertilidad bastará con retirarlo y en uno o dos meses estarás en condiciones de buscar un embarazo si lo deseas.

Al igual que la píldora y el parche, el anillo también tiene un efecto benéfico sobre algunas infecciones genitales y protege de muchos otros padecimientos no sexuales de orden general (ver "La píldora").

Evita abortos, tanto terapéuticos como voluntarios, ya que es un método de planificación familiar efectivo y de seguridad anticonceptiva. Por tanto, evita muertes maternas y vidas destrozadas por embarazos no deseados.

Inconvenientes del anillo vaginal

Al tratarse de una novedad, a algunas mujeres les puede costar un poco acostumbrarse a la manipulación de sus genitales. Hay mujeres que jamás ven o tocan su vagina. En este sentido, se establece con el cuerpo una relación de complicidad idéntica a la de ponerse tampones durante la regla, sin miedo, no tiene por qué haberlo, es tu vagina y de nadie más, ¡quiérela!

Tendrás que consultar al médico antes de iniciar con el anillo vaginal para ver si tu organismo e historial médico permiten el uso de hormonas anticonceptivas, que son las que suministra este método. La mayoría de las mujeres son aptas, lo que no te libra de acudir a revisión porque eres una persona y no una estadística.

Ocasionalmente, el anillo vaginal puede resultar contraindicado en las mujeres con problemas circulatorios, fumadoras y aquellas con problemas cardiacos, al igual que la píldora. Por ello debes consultar a tu médico antes de utilizarlo por primera vez. El anillo no está contraindicado para los problemas hepáticos porque, al igual que con el parche, el medicamento no pasa por el hígado.

El anillo vaginal no protege contra VIH SIDA ni otras infecciones de transmisión sexual, únicamente evita el embarazo. Si tu pareja no es segura deberás utilizar además otro sistema de apoyo para no contagiarte. Elige el condón. Aquí no sirven el método del ritmo (calendario) ni la temperatura vaginal porque tus ciclos hormonales están alterados por el anillo. Tampoco debes de utilizar espermicidas ni cualquier otro producto o artilugio insertado en la vagina porque puede interferir con su efectividad.

Durante el primer mes de uso no tendrás protección total porque tu cuerpo tardará unas semanas en cambiar su estado hormonal para que no seas fértil. De modo que mientras uses tu primer anillo es mejor que te protejas además con un condón para evitar sustos.

Si eres extremadamente olvidadiza corres el riesgo de dejar tu anillo vaginal sin recambiarlo por meses o años. Créeme que he visto cosas peores en casos severos de desidia. Valóralo honestamente antes de hacer una tontería semejante.

Si tienes sexo de manera muy esporádica tal vez no te compense vivir con un anillo puesto todo el año. Busca con tu médico otras alternativas para tu ritmo de relaciones. Sin duda el condón sería más práctico, sin efectos secundarios y con protección frente a contagios sexuales, pero con el gran inconveniente de que tendrás que convencer al hombre de que se lo ponga y no siempre es tarea sencilla, por desgracia.

Los anillos vaginales son más caros que la píldora y que el parche. No lo colocan por el momento en las instituciones de salud pública. Si lo eliges necesitas pagarlo.

Tus dudas sobre el anillo vaginal

- **Si no sabes qué día comenzar con él**. Escoge un día de la semana que sea especialmente significativo para ti, no un día del mes en especial. Te digo esto porque aunque se trata de un método mensual, se cuentan meses biológicos, no del calendario. En realidad vas a tener que contar por semanas y no por meses. No todos los meses tienen cuatro semanas exactas, pero el anillo sí, y tu cuerpo también. De modo que no sirve que digas que todos los primeros de mes cambiarás el anillo, no sale la cuenta. Si empezaste, supongamos un domingo, al domingo siguiente se cumple la primera semana de tenerlo puesto, al otro domingo la segunda, al siguiente la tercera; al llegar a este punto te lo quitas. Durante la cuarta llegará tu sangrado menstrual. El siguiente domingo vuelves a colocar un nuevo anillo y así sucesivamente. Son tres semanas de anillo y una de descanso, y no coincide con los meses del calendario, tenlo en cuenta.

- **Si alguna vez sacas el anillo** de tu vagina durante las tres semanas en que debe quedar adentro, ten en cuenta que el anillo perderá su eficacia si permanece por más de tres horas fuera de tu vagina. De cualquier modo no es recomendable hacerlo de no ser por una causa excepcional.

- **Si tomas otros medicamentos** antes o durante el uso del anillo vaginal, debes avisarle a tu médico. En general no le van a afectar, pero tu ginecólogo podrá indicarte aquéllos que sí interfieren por restarle efectividad o que están contraindicados. De cualquier modo no debes utilizar medicamentos locales en tu vagina mientras tengas puesto el anillo: óvulos vaginales, cremas o pomadas porque pueden alterar su efectividad. Si tienes una infección vaginal retira el anillo, trátala, y luego podrás volver a usarlo.

- **Si tienes una infección vaginal** mientras llevas puesto el anillo no te conviene introducir en tu vagina tratamientos locales como óvulos vaginales, pomadas o cremas porque interfieren con la efectividad del anillo. En este caso retira el anillo, trata la infección con las indicaciones de tu médico, y una vez curada podrás volver a usarlo.

- **Si tenías una infección vaginal antes** de utilizar el anillo, no te conviene este método de momento. Es por ello que te recomiendo siempre una revisión ginecológica previa para detectarla. El doctor tratará primero tu infección y, una vez solucionada podrás utilizar el anillo.

- **Si te haces lavados vaginales** te diría que no te los hagas nunca porque lo único que logras es desequilibrar la flora vaginal que te protege lo que puede generar diversas infecciones. Pero mucho menos se te ocurra hacer estos lavados internos llevando un anillo vaginal puesto, ya que con los jabones o desinfectantes que utilices alterarás su poder anticonceptivo. La vagina tiene su propio sistema de protección y limpiado con su mucosa, que es una cavidad interna como el estómago. Puedes lavar tu vulva por fuera (como haces con tu boca) pero deja de tallar la vagina por dentro, no es una olla que deba quedar pulida.

- **Si crees que debes "limpiar" tu sangre** por usar largo tiempo el anillo vaginal, quítate esa idea de la cabeza. Al igual que con la píldora y el parche, este método no requiere de descanso salvo la semana de sangrado y es más eficaz cuanto más lo uses.

- **Si quieres aplazar tu sangrado** por un motivo extraordinario como tu boda, competición deportiva, un fin de semana muy especial, etcétera, bastará con que a la cuarta semana coloques en tu vagina un nuevo anillo al retirar el anterior, en lugar de dejarla vacía esperando el sangrado. Pero este tipo de situaciones resérvalas para momentos excepcionales y de cualquier modo decide con el ginecólogo la forma oportuna de hacerlo.

- **Si sales de viaje** y te toca nuevo anillo vaginal lejos de casa, tendrás que llevar contigo el siguiente, conservado cuidadosamente, ya que no en todos los lugares los encontrarás fácilmente, y menos en esos pueblitos rústicos donde a veces nos gusta pasar las vacaciones. Es mejor que no te traigas un *souvenir* que al rato llora, ¿no crees?

- **Si temes quedarte estéril** con el anillo vaginal, no te preocupes. Aunque lo uses por largo tiempo recuperarás tu fertilidad a las pocas semanas de retirarlo definitivamente. No es un método de esterilización definitiva, es temporal y reversible como los otros métodos hormonales.

- **Si aparece goteo** de sangrado durante las primeras semanas de llevar el anillo puesto no te preocupes, esto ocurre sólo en algunas mujeres en lo que tarda tu sistema hormonal en regularizarse con el anillo. Si persisten más de tres meses consulta a tu médico.

- **Si compras un nuevo anillo vaginal** hazlo en una farmacia seria, no vayas a proveerte en un tianguis ni aceptes restos ajenos de dudoso origen porque te puede costar un disgusto. No obstante, verifica antes de utilizarlo su fecha de caducidad y sus condiciones de conservación. Cuando lo guardes habrá de ser en un lugar fresco y seco o siguiendo las indicaciones que da cada fabricante en el envase, no lo maltrates que es un producto delicado.

- **Si quieres combinarlo con otro método** para protegerte del VIH SIDA y de las Infecciones de transmisión sexual, elige el condón y mejor que no contenga espermicida (Nonoxynol-9). De ninguna manera tampoco uses espermicidas de óvulos vaginales, gel, spray, crema o esponja. No es lo indicado introducir en tu vagina sustancias que afecten las hormonas que despide el anillo. Tampoco te servirá ninguno de los llamados "métodos naturales" porque tu ovario no está ovulando libremente; y todas las fechas y temperaturas, así como la densidad del moco vaginal estarán alterados.

- **Si eres virgen** no es el método ideal para ti. La presencia de la membrana del himen dificultará la inserción del anillo al fondo de la vagina. En este caso puedes consultar con el doctor acerca del método ideal. Si no hay inconvenientes para tomar hormonas podrás utilizar la píldora diaria o el parche semanal con antelación (ver los apartados correspondientes). Y desde luego lo mejor es el condón, que se lo ponga él y colabore un poco en ese primer encuentro, además de que estarás protegida frente a posibles contagios si él no es virgen también.

- **Si no sabes cuándo regresar al ginecólogo**. Una vez que estás utilizando el anillo vaginal es ideal que vayas a una revisión inicial al tercer mes, para valorar efectos, contraefectos y si es el método ideal para ti o conviene buscar otra alternativa. En adelante bastará con una revisión anual para tener la tranquilidad de que todo está bajo control.

- **Si quieres abandonar el anillo definitivamente** para tener un hijo o porque elegiste otro método anticonceptivo

no hay problema. Lo ideal es que esperes a la cuarta semana de llevarlo puesto, la del sangrado, y ya no vuelvas a
utilizar el siguiente. Pero no te quedes sin protección si no
tienes un plan claro de vida, mejor consulta antes con el
ginecólogo tu método de planificación.

- **Si olvidaste el día exacto** en que debes volver a colocar el
siguiente anillo vaginal tras la semana de sangrado, insér-
talo en tu vagina en el momento en que lo recuerdes, no
interrumpas tu plan anticonceptivo. De cualquier modo utiliza condón durante ese mes para evitar disgustos.

- **Si te da pánico sacar el anillo** para cambiarlo, relájate, res-
pira profundamente, sube un pie en una silla y lo harás con
toda comodidad. No sufras paranoia de que al jalar van a
salir acompañándolo tus intestinos, es imposible. En caso
de pánico extremo acude al ginecólogo para que lo extraiga
y de paso te explique cómo hacerlo con tranquilidad.

- **Si estás embarazada** porque dejaste caducar tu anillo, no
lo sabrás hasta que falte tu primera menstruación y te hagas una prueba de embarazo. El hecho de que hayas seguido con las hormonas del anillo tras haber concebido y antes de enterarte no causa trastornos en el feto. Pero una vez
que lo sepas acude al doctor e interrúmpelo de inmediato
porque no beneficia el desarrollo del embarazo.

- **Si estás amamantando** no te conviene el anillo que lleva
dos hormonas combinadas porque altera la calidad y cantidad de leche. En cambio sí podrás utilizar un anillo vaginal
más moderno que contiene una sola hormona, una
progestina concretamente, sin estrógenos. Consulta con tu
médico esta posibilidad y de cualquier modo utiliza protección porque es un periodo peligroso en el que puedes
salir nuevamente embarazada sin darte cuenta.

Una vez al mes...

La inyección mensual

Se trata de una inyección anticonceptiva con base en hormonas que te aplicas solamente una vez al mes y te mantiene en un estado infértil. Una vez más hablaremos en femenino porque es para las mujeres, aunque te cueste creerlo.

Es un método anticonceptivo hormonal. Pero por su forma de aplicación pertenece también a los métodos llamados "depósitos" porque suministran de una sola vez las hormonas en tu organismo y circulan en la sangre lentamente.

¡Ojo! Cuando hablamos de inyección no es cualquier inyección sino la inyección anticonceptiva. No vayas a creer que porque te pusieron un piquete estando malita ya estás protegida (insisto, ¡cosas más raras he visto!). Tampoco todo lo que empieza por "anti" es anticonceptivo, como ocurre con el caso de los antidepresivos, que te quitan la tristeza pero no impiden que te preñes. Discúlpame lo simple, pero prefiero curarme en salud y hablar claro. Por ello verifica siempre que lo que te inyecten sea anticonceptivo y no cualquier otra cosa, estás advertida.

En cuanto a su frecuencia de uso, es mensual, al igual que el anillo vaginal. Pero no los confundas. Mejor conoce sus características específicas en la sección correspondiente porque son bien diferentes (ver "El anillo vaginal").

A la hora de hablar de inyecciones anticonceptivas las encontrarás de tres tipos: mensual (cada mes), bimestral (cada dos meses) y trimestral (cada tres meses). En sus diferentes presentaciones varía también el tipo de hormonas que contienen, no son las mismas porque varían las dosis. Aquí estamos hablando exclusivamente de la inyección mensual pero puedes consultar las características de los otros tipos más adelante, en sus capítulos correspondientes.

La inyección anticonceptiva mensual es altamente eficaz para evitar el embarazo, casi tanto como la píldora (99 por ciento). Su mecanismo de acción es también triple. En primer lugar impide la ovulación, tu ovario no suelta células fértiles mientras estés bajo su efecto. En segundo, espesa el moco del cuello de la matriz dificultando el paso de los espermatozoides masculinos que fueron depositados en la vagina. En tercer lugar evita que la matriz esté acolchonadita para recibir el implante de un embarazo.

La inyección mensual contiene dos tipos de hormonas femeninas, las mismas que la píldora combinada (ver "La píldora combinada"). En este caso el nombre exacto es "anticonceptivo inyectable combinado", ya que existen otras inyecciones que contienen una sola hormona.

Al igual que con cualquier otro método hormonal (píldora, parche, anillo vaginal, implante) deberás consultar al médico antes de decidirte por este método para saber si tu estado de salud o historial médico no tienen contraindicaciones con las hormonas. Si tu médico lo autoriza, bastará una enfermera para ponerte una inyección cada mes.

Tampoco este método es de "pago por evento". Es decir, que no se trata de ponerte la inyección sólo cuando tienes relaciones sexuales, así no sirve. Tengas o no tengas sexo, se trata de estar protegida permanentemente sin que tu ovario suelte óvulos o células fértiles que es lo mismo, no puedes improvisar de un día para otro, ni mucho menos al momento.

Sin embargo, la inyección mensual impide el embarazo de manera temporal y reversible, no se trata de un método definitivo de esterilización, es simplemente un anticonceptivo o anovulatorio (que no ovula) como se dice en medicina. No produce esterilidad, recuperas tu fertilidad unos meses después de dejar de ponértela.

Cómo utilizar la inyección mensual

Si tu médico te da el visto bueno para que la utilices como método anticonceptivo, bastará ponerte la inyección una vez cada mes. Lo puede hacer el propio médico o la enfermera. Es una inyección intramuscular profunda, no se trata de inyectarlo en la vena.

La zona para poner la inyección es como en todas las demás, una parte del cuerpo con masa muscular para que no duela, pero el sitio exacto es lo de menos porque finalmente pasará a tu sangre. Los sitios más habituales son la nalga, el brazo o el muslo.

Ten en cuenta que cuando decimos aquí, una vez al mes, nos referimos a meses biológicos (cuatro semanas) que no por fuerza coinciden con el calendario. Es decir, no puedes buscar una fecha exacta para ponerte todos los meses la inyección ya sea enero, mayo o diciembre. Lleva tu cuenta desde el inicio.

La primera inyección debe ponerse en cualquiera de los cinco primeros días de haber iniciado tu regla. Te recomendamos hacerlo el primer día de sangrado para organizarte mejor.

Las inyecciones siguientes deben ponerse exactamente después de 30 días, independientemente de cuándo se haya presentado tu regla. Puede darse una tolerancia de más o menos tres días sin que corras riesgos de embarazo, pero no más.

Recuerda que, como toda inyección, debe ponerse con jeringa y aguja estéril, desechables, sin contaminar al manipularla, y jamás, jamás usada de segunda mano porque te puede costar la vida al contagiarte de hepatitis o SIDA, entre otras enfermedades. Muchas preparaciones de farmacia de la inyección anticonceptiva vienen ya con la jeringa cargada para evitar problemas.

Antes de poner la inyección se debe agitar el contenido de la ampolleta para favorecer la mezcla de partículas grandes y pequeñas que contiene y hacer un todo homogéneo. También habrá que succionar el contenido escrupulosamente para que no se desperdicien gotas ya que su contenido está calculado exactamente para protegerte durante un mes.

Tras la inyección evita dar masaje en la zona inyectada como se suele hacer con otros medicamentos para que penetren bien. En este caso se trata de crear un depósito, no de que se disemine en ese momento, de modo que el masaje puede acelerar la liberación de hormonas y acortar el periodo de eficacia anticonceptiva, por este motivo no conviene.

Ventajas de la inyección mensual

Es altamente eficaz para evitar el embarazo, casi tanto como la píldora. Es efectiva como anticonceptivo luego de 24 horas de haberte puesto la inyección.

No necesitas ingerirla a diario como sucede con la píldora, ni cada semana como con el parche. Aquí basta con una inyección cada mes y olvídate del asunto el resto del tiempo.

Permite discreción. El momento de ponerte la inyección no está involucrado con el encuentro sexual de modo que lo interrumpas esperando el típico "momentito". Tampoco tienes que dar explicaciones ni depender de tu pareja. El control de la natalidad está en tus manos.

Puede usarse por largos periodos, desde la adolescencia hasta la menopausia. No necesita lapsos de descanso.

El sangrado es menos abundante, escaso o nulo. Evita cólicos, indisposición y cambios de humor en las mujeres que los padecen mes tras mes.

Es reversible y temporal. Si decides recuperar tu fertilidad regresará en unos meses tras dejar de usarla.

Protege frente a las mismas enfermedades que la píldora: tumores benignos de mama y matriz, quistes, enfermedad pélvica inflamatoria, endometriosis, descalcificación, cáncer de matriz y ovarios, así como anemias debidas a falta de hierro por excesivos sangrados y otras (ver "La píldora").

Evita abortos espontáneos, terapéuticos y provocados, ya que es un método de planificación familiar efectivo y de alta seguridad anticonceptiva. Por lo que evita también muchas muertes maternas y vidas truncadas por embarazos no deseados.

En México las proporcionan en los consultorios y centros médicos del Sector Salud de forma gratuita.

Inconvenientes de la inyección mensual

Al tratarse de hormonas al igual que la píldora, no debes decidir por tu cuenta usarlas sin consultar antes al médico, por mucho que a tu comadre le sienten de maravilla. Cada persona es un mundo, un metabolismo diferente, una sensibilidad y una herencia. No todas las mujeres son candidatas a utilizar estas sustancias como anticonceptivos, no lo olvides. Si el médico da su aprobación, entonces podrás resolver por ti misma los próximos meses con ayuda de una enfermera.

En algunas mujeres produce aumento de peso. En otras, retención de líquidos que te darán una sensación de estar más abultada e hinchada, así como tensión en las mamas.

Puede producir sangrado irregular durante los primeros meses de uso, así como goteos fuera de fecha. Sin embrago, su tendencia a la larga es disminuir el sangrado, incluso hacerlo desparecer, cosa que podría resultar una ventaja práctica pero muchas mujeres lo viven como un inconveniente porque temen estar embarazadas y se agobian todo el tiempo.

Precisarás tener una fórmula recordatoria cada mes, mejor dicho cada cuatro semanas de las tuyas para no olvidarte. Si eres muy olvidadiza será un desastre tu planificación anticonceptiva.

Dependes de otra persona con la que cuentes mes tras mes para ponerte la inyección y esto para algunas mujeres es desagradable.

Como toda inyección, siempre conlleva un riesgo de que te la pongan en un mal lugar y te quedes coja, de que se te enquiste o de que te generen una infección por mal manejo y falta de limpieza. Por ello es mejor que lo haga una enfermera calificada aunque tu vecina tenga mucha experiencia en el asunto.

Si temes a las inyecciones o te causan fobia o pánico, sin duda no es el método anticonceptivo ideal para ti porque la pasarás muy mal. Elige con tu ginecólogo una alternativa adecuada (píldora, parche, anillo, implante, DIU, condón, etcétera).

Si planeas quedar embarazada, te tomará aproximadamente tres meses recuperar tu fertilidad normal tras la última inyección. En algunas mujeres puede tardar incluso el doble. No es ideal para quienes desean embarazarse ¡ya!

En algunas mujeres puede producir acné o seborrea (cuero cabelludo graso), incluso dolores de cabeza. También náuseas o vómitos al comenzar a usarlas que, aunque no disminuyen su efectividad, pueden resultar muy desagradables. Si es tu caso consulta a tu médico quien te dará otras opciones anticonceptivas.

No protege del VIH SIDA ni de las infecciones de transmisión sexual, por tanto si tu pareja no es segura tendrás que utilizar un condón para evitar contagios. No lo combines nunca con cálculos de calendario de días fértiles o temperaturas vaginales porque aquí tu ciclo está alterado y esos controles no sirven.

Al igual que la píldora combinada, está contraindicada la inyección anticonceptiva para mujeres fumadoras, con padecimientos hepáticos, enfermedades cardiacas o circulatorias, anemia, enfermedad de riñón que altere su funcionamiento, carcinoma de mama o matriz, diabetes severa, alteraciones en el metabolismo de las grasas, sobrepeso y obesidad, presión arterial elevada, migraña, otoesclerosis (atrofia del oído), esclerosis múltiple, epilepsia. Haz saber al médico tu historial de padecimientos pasados y presentes; esa información junto a la que arroje su exploración, les permitirá encontrar un método alternativo que no sea hormonal.

En algunas mujeres, al igual que la píldora, con el uso prolongado pueden aparecer manchas en el rostro (cloasma) que empeoran con la luz del sol, por lo que habrá que utilizar bloqueador solar con alto índice de protección para ellas y un tratamiento cosmético blanqueador.

No es el método anticonceptivo ideal si sostienes relaciones sexuales muy escasas o esporádicas; es decir, pocas veces al año. No merece la pena estarte inyectando hormonas todos los meses para sacarle tan poco partido. En estos casos opta, mejor dicho, exige el condón.

No debe utilizarse en caso de embarazo, es una contraindicación. Pero el problema es que como tiendes a no sangrar con el uso de la inyección es muy difícil que lo descubras, tendrás que hacerte pruebas de embarazo los primeros meses y te quitará el sueño y posiblemente la preocupación.

Tendrás que interrumpir tu método con la inyección anticonceptiva si bajo su efecto tienes ataques repentinos de migraña que no existían antes y/o molestias repentinas en la vista como lucecitas de colores, así como las mismas alertas señaladas para la píldora en el apartado "Inconvenientes de la píldora".

De cualquier modo la inyección anticonceptiva dejó de utilizarse masivamente en Europa hace años por considerar que traía consigo muchas molestias. Aunque se haya perfeccionado, la cantidad de hormonas que se depositan en el organismo de una sola vez es grande, lo que provoca un desequilibrio importante en muchas mujeres, factor que hace que no compensen sus ventajas frente a los inconvenientes. En México la inyección se utiliza muchísimo, como tantas otras cosas que desecha el Primer Mundo y nos las comemos en el Tercero porque la casa (el laboratorio) nunca pierde; cuando ya no las queramos aquí todavía quedará África para seguirlas vendiendo.

Tus dudas sobre la inyección mensual

- **Si te pusiste la inyección por primera vez**, tu regla aparecerá más o menos 21 días después de suministrarla. Cuando hayan pasado 30 días en total te pondrás la siguiente inyección, estés sangrando o no. Y así sucesivamente.

- **Si no aparece sangrado menstrual** no te preocupes (¿o sí?) Con la inyección muchas mujeres presentan simplemente un leve manchado o goteo al cabo de tres semanas en lugar de regla. Incluso existe otro grupo de mujeres que no reglan en absoluto (amenorrea) mientras usan la inyección, y es normal. No obstante, conviene revisar con tu médico este aspecto a los tres meses de haber iniciado el método.

- **Si olvidaste la fecha exacta de reponer tu inyección** mensual, tienes una tolerancia de dos o tres días de plazo antes y después, con lo cual dispones de un margen confiable, pero no te descuides. Tendrás que utilizar condón como respaldo si se te volaron las fechas hasta que llegue la regla.

- **Si tienes vómitos o diarrea** por otras causas, no le afecta. Las hormonas de la inyección van por vía sanguínea y no le restan efectividad las alteraciones digestivas, ya sean por arriba o por abajo.

- **Si acabas de tener un bebé** el tiempo de iniciar la inyección anticonceptiva depende; si no lo estás amamantando podrás ponértela a la tercera semana tras el parto, si estás amamantando debes esperar seis meses tras el nacimiento porque de otro modo interrumpe la emisión y calidad de la leche.

- **Si has de permanecer inmovilizada** por una convalecencia o por tener previsto someterte a una cirugía mayor, es mejor interrumpir la inyección anticonceptiva de acuerdo con las indicaciones de tu médico. El estar inmovilizada aumenta el riesgo de coágulos en tus vasos sanguíneos y de trombosis venosas.

- **Si tomas otros medicamentos** al tiempo que la inyección anticonceptiva, debes consultar a tu médico sobre lo que tomabas antes y pretendas tomar después, porque algunos alteran su efectividad o al revés, puede que la inyección disminuya el efecto de los otros y habrá que valorar qué problema es más importante, si la anticoncepción o la epilepsia, por poner un ejemplo. Y de cualquier modo refuerza tu seguridad con un condón en caso de duda. Puedes consultar los mismos fármacos que se señalan en el capítulo de "Tus dudas con la píldora".

- **Si hay posibilidad de** SIDA u otras infecciones de transmisión sexual porque tú o tu pareja han tenido otras relaciones, recuerda que la inyección anticonceptiva no te protege frente a ellas, sólo evita el embarazo. En estos casos exige condón, no lo dudes.

- **Si sales de viaje** y te toca nueva inyección lejos de casa, tendrás que llevar contigo la siguiente inyección conservada cuidadosamente, ya que no en todos los lugares la encontrarás fácilmente en la farmacia y, como he anotado, menos en esos pueblitos donde a veces nos gusta pasar las vacaciones.

- **Si vas a combinar la inyección** con otro método anticonceptivo, bien sea por precaución, porque no te la pusiste en su fecha o para prevenir contagios de transmisión sexual, te recomiendo apoyarla con el condón, nunca con el método del ritmo ni con la temperatura vaginal (ver estos capítulos más adelante) porque tu ciclo ovárico natural está alterado y es imposible medir con estos métodos.

- **Si compras una nueva inyección** hazlo en una farmacia seria, no vayas a proveerte en un tianguis ni aceptes restos ajenos de dudoso origen porque te puede costar un disgusto. Te pedirán receta médica, tenlo en cuenta. No obstante, verifica antes de utilizarla la fecha de caducidad y sus condiciones de conservación. Cuando la guardes habrá de ser en un lugar fresco y seco o siguiendo las indicaciones que da cada fabricante en el envase. No la maltrates que es un producto delicado.

- **No confundas esta inyección mensual** con la inyección bimestral (cada dos meses) o trimestral (cada tres meses). Además de que tienen diferentes hormonas, conviene que tengas clara la fecha exacta para reponer la inyección; no te hagas bolas con los meses calculando una por otra.

Cada dos meses...

La inyección bimestral

Es una inyección anticonceptiva con base en hormonas que la mujer ha de ponerse cada dos meses, por ello es bimestral (*bi*=dos). Te mantiene durante ese periodo permanentemente en un estado infértil. Es hormonal, inyectable y de depósito de larga duración. Aparentemente es similar a la inyección mensual del capítulo anterior, pero no sólo las fechas de ponerla cambian, sino que su fórmula química es diferente.

Si hacemos una similitud por la composición, te diré que la inyección mensual es semejante a la píldora combinada con dos hormonas: estrógenos y progestina; en cambio esta inyección bimestral es similar a la minipíldora que contiene una sola hormona, progestina, por ello es monohormonal (ver "La minipíldora"). La inyección bimestral no contiene estrógenos, lo que elimina muchos efectos indeseables y permite a mayor número de mujeres utilizarla.

Desde luego parece un trabalenguas, pero se trata de que lo entiendas de forma clara, definitivamente. La inyección mensual se pone una vez al mes pero contiene dos hormonas. La inyección bimestral se pone cada dos meses pero contiene una sola hormona ¿Quedó claro?

Su mecanismo de acción como anticonceptivo en el organismo es similar al de la inyección mensual (ver capítulo "La inyección mensual"), así como al de todos los demás métodos hormonales: píldora, parche, anillo vaginal e implante anticonceptivo.

Al igual que con cualquier otro método hormonal deberás consultar al médico antes de decidirte para saber si tu estado de salud o tu historial médico no tienen contraindicaciones con las hormonas. Si tu médico lo autoriza, bastará una enfermera para ponerte una inyección cada dos meses.

Tampoco este método es de "pago por evento". Es decir que no se trata de ponerte la inyección sólo cuando tengas relaciones sexuales, así no sirve. Tengas o no sexo, necesitas estar protegida permanentemente, no puedes improvisar tu equilibrio hormonal de un día para otro, ni mucho menos al momento.

Sin embargo, la inyección bimestral impide el embarazo de manera temporal y es reversible, no se trata de un método definitivo de esterilización, es simplemente un anticonceptivo. No produce esterilidad. Recuperas tu fertilidad unos cuantos meses después de dejar de suministrarla.

Cómo utilizar la inyección bimestral

Si tu ginecólogo te autorizó el uso de esta hormona, bastará con que acudas con una enfermera cada dos meses para ponerte la inyección que ha de ser intramuscular y profunda, en la parte del cuerpo que prefieras, es lo de menos.

La primera inyección has de ponértela durante los primeros siete días de haber iniciado tu regla, cualquiera de ellos.

La siguiente 60 días después, o sea después de dos meses, independientemente de cuando se haya presentado tu sangrado. Y así sucesivamente. Ten en cuenta que aquí los meses los contamos de 30 días y que no necesariamente coinciden exactamente con los del calendario. A ti lo que debe importarte son los días reales y naturales, cuenta 60 y olvídate de repetir fechas exactas porque no sale la cuenta.

Antes de inyectar se debe entibiar la ampolleta frotándola vigorosamente entre las manos para facilitar su absorción, ya que es un líquido muy denso. Para la higiene y el manejo, has de observar las mismas normas que se indican para "La inyección mensual". De igual manera, tampoco hay que masajear la zona inyectada porque se trata de crear un depósito de largo plazo.

Ventajas de la inyección bimestral

Tiene las mismas ventajas que la inyección mensual y alguna más (ver "Ventajas de la inyección mensual").

Además, como ventaja extra, la inyección bimestral, al no contener estrógenos, puede ser utilizada por muchas mujeres que tienen contraindicadas tanto la píldora combinada como la inyección mensual. Es decir: mayores de 40 años, obesas, diabéticas, hipertensas, con problemas circulatorios, lactantes, en climaterio o premenopausia, etcétera.

Tu médico te asesorará sobre tu caso particular.

La inyección bimestral puede utilizarse en periodo de lactancia porque, al no contener estrógenos, no daña calidad y cantidad de la leche. Consulta a tu médico sobre la fecha apropiada para ponértela si eres candidata.

Inconvenientes de la inyección bimestral

Al tratarse de hormonas no debes decidir por tu cuenta usarlas sin consultar antes al médico, por mucho que te la recomienden las amigas. No olvides que este requisito es fundamental porque puedes lamentarlo. Una vez que tu médico lo autorice, entonces podrás inyectarte cada dos meses con la ayuda de una enfermera.

Su tendencia a disminuir, incluso a desaparecer totalmente el sangrado es aún más marcada que con la inyección mensual. Esto no es en sí mismo un problema de salud porque no daña al organismo, sin embargo, tus dudas acerca de si estás o no embarazada, serán tremendas porque no ves tu regla.

Precisarás tener una fórmula recordatoria cada dos meses, mejor dicho cada 60 días naturales para no olvidarte. Si eres muy olvidadiza será un desastre tu planificación anticonceptiva porque al cabo de dos meses es fácil que "se te vaya el avión", incluso más que cada mes.

Dependes de otra persona con la que cuentes cada dos meses para ponerte la inyección, y esto a algunas mujeres les resulta desagradable. Necesitas una enfermera para evitar contratiempos de contaminación de la jeringa o de un piquete puesto en mal sitio. Tampoco es adecuada para las que tienen pánico o fobia a agujas e inyecciones.

Si planeas quedar embarazada, te tomará alrededor de tres meses recuperar tu fertilidad habitual tras la última inyección. En algunas mujeres puede tardar incluso el doble de tiempo o más. No es ideal para quienes quieren embarazarse a corto plazo.

No protege del VIH SIDA ni de las infecciones de transmisión sexual. Si tu pareja no es segura tendrás que utilizar al mismo tiempo un condón para evitar contagios. No lo combines nunca con cálculos de calendario de días fértiles o temperaturas vaginales porque tu ciclo está alterado y no sirven.

No es el método anticonceptivo ideal si sostienes relaciones sexuales esporádicamente, pocas veces al año. No merece la pena. En estos casos utiliza condón y te evitas muchas vueltas.

No debe utilizarse en caso de embarazo. Pero el problema es que como tiendes a no sangrar con el uso de la inyección es muy difícil que adivines: tendrás que hacerte pruebas de embarazo los primeros meses si tienes dudas sobre el manejo.

En mi opinión personal, lo que pueda tener de práctico este método se anula con las preocupaciones que conlleva. En cuanto a su uso masivo en Latinoamérica, reitero lo dicho al final del apartado "Inconvenientes de la inyección mensual".

Tus dudas sobre la inyección bimestral

- **Si te pusiste la inyección por primera vez**, esperarás 60 días naturales (no dos meses de calendario) para ponerte la siguiente, sin importar que estés sangrando o no. Y así sucesivamente.

- **Si no aparece sangrado menstrual** no te preocupes (¿o sí?) Con la inyección bimestral puede aparecer leve manchado o goteo a las pocas semanas en lugar de la regla. Incluso en este tipo de inyección puede que no regles en absoluto (amenorrea) a medida que la utilizas y es normal. No obstante, conviene revisar con tu médico este aspecto a los tres meses de haber iniciado con el método.

- **Si olvidaste la fecha exacta para reponer tu inyección** bimestral aquí hay poco margen de tolerancia, no te puedes descuidar. Tendrás que utilizar condón como respaldo si se te volaron las fechas y acudir al médico.

- **Si tienes vómitos o diarrea** por otras causas, no le afecta. Las hormonas de la inyección van por vía sanguínea y no le restan efectividad las alteraciones digestivas.

- **Si has de permanecer inmovilizada** por una convalecencia, la inyección bimestral no afecta a los posibles problemas de coágulos circulatorios porque no contiene estrógenos.

- **Si tomas otros medicamentos** al mismo tiempo que la inyección bimestral, debes de consultar a tu médico sobre los medicamentos que tomabas antes y pretendas tomar después.

- **Si hay posibilidad de** SIDA u otras infecciones de transmisión sexual porque tú o tu pareja han tenido relaciones anteriores, entonces recuerda que la inyección anticonceptiva no te protege frente a ellas, sólo evita el embarazo. En estos casos exige condón, no lo dudes.

- **Si sales de viaje** y te toca nueva inyección lejos de casa, tendrás que llevar contigo la siguiente inyección conservada cuidadosamente, ya que no en todos los lugares la encontrarás fácilmente en cualquier farmacia, y menos, como ya sabes, si se trata de pueblitos con poca infraestructura.

- **Si vas a combinar la inyección** con otro método anticonceptivo, bien sea por precaución, porque no te la pusiste en su fecha o para prevenir contagios de transmisión sexual, en cualquier caso te recomiendo apoyarla con el uso del condón, nunca con el método del ritmo, ni con la temperatura vaginal (consultar capítulos posteriores) porque tu ciclo ovárico natural está alterado y no se puede medir con estos métodos.

- **Si compras una nueva inyección** hazlo en una farmacia seria, no vayas a proveerte en un tianguis ni aceptes restos ajenos de dudoso origen, pues te puede costar un disgusto. Ten en cuenta que te exigirán receta médica. No obstante, verifica antes de utilizarla, su fecha de caducidad y sus condiciones de conservación. Cuando la guardes habrá de ser en un lugar fresco y seco o siguiendo las indicaciones que da cada fabricante en el envase, no la maltrates: es un producto delicado.

- **No confundas la inyección bimestral** con la inyección mensual (cada mes) o la trimestral (cada tres meses). Además de que tienen diferentes hormonas, conviene que tengas presente la fecha de reponer la inyección sin hacerte bolas con los meses calculando una por otra.

Cada tres meses...

La inyección trimestral

Se trata de una inyección anticonceptiva que la mujer se aplica cada tres meses, por ello es trimestral (*tri*=tres). Te mantiene durante ese periodo en un estado infértil. Es hormonal porque contiene hormonas y además pertenece al grupo de los llamados anticonceptivos "de depósito", que se depositan en el organismo para que tengan larga duración.

Es idéntica en composición a la inyección bimestral porque contiene también sólo una hormona (progestina), sin estrógenos. Por ello es diferente a la inyección mensual que contenía dos hormonas combinadas. En definitiva, la inyección trimestral se pone cada tres meses pero contiene una sola hormona.

Su mecanismo de acción como anticonceptivo es idéntico al de las otras inyecciones anteriormente detalladas y al de todos los demás métodos hormonales: píldora, parche, anillo vaginal e implante.

El médico debe revisarte antes de que las utilices, no te la recetes por tu cuenta porque si no eres apta te puede causar problemas. Hay que ponérsela permanentemente cada tres meses para que sea efectiva, no sólo cuando tengas relaciones sexuales, porque no sirve. Pero es temporal y reversible, recuperas tu fertilidad a los pocos meses de dejarla.

Salvo su duración de tres meses, en todo lo demás esta inyección trimestral es idéntica a la bimestral (ver "Inyección bimestral")

Cómo utilizar la inyección trimestral

Si tu ginecólogo te autorizó al uso de esta hormona, bastará una enfermera cada tres meses para ponerte la inyección que ha de ser intramuscular y profunda, como las otras inyecciones anticonceptivas.

La primera inyección se debe aplicar durante los primeros siete días de haber iniciado tu regla, cualquiera de ellos.

Las siguientes se ponen tres meses después, independientemente de cuando se haya presentado o no tu sangrado. Y así sucesivamente. Ten en cuenta que aquí el efecto de la inyección trimestral es aproximado entre diez y trece semanas, puede variar de una mujer a otra.

Para la higiene y el manejo, has de observar las mismas normas que se indican para "La inyección bimestral". De igual manera, tampoco hay que masajear la zona inyectada porque se trata de crear un depósito de largo plazo.

Ventajas de la inyección trimestral

Tiene las mismas ventajas que la inyección bimestral porque es idéntica en su composición (ver "Ventajas de la inyección bimestral").

La inyección trimestral es más indicada para mujeres en los años previos a la menopausia (climaterio), alrededor de los 40-45 años para evitar los sangrados irregulares y eliminar las molestias de las hormonas que suben y bajan aportándolas de una manera constante.

Inconvenientes de la inyección trimestral

Al tener la misma composición de la inyección bimestral tiene también los mismos inconvenientes —todos— que aquélla, y algunos más (ver "Inconvenientes de la inyección bimestral").

Tendrás que consultar al médico antes de decidirte por este método, recuerda que es hormonal y aquí no sirve el consejo de amigas. De cualquier modo no es el método ideal para mujeres muy jóvenes.

Cuando decimos que es trimestral no es del todo cierto aunque así la llamen. No puedes guiarte por tres meses del calendario. En realidad su duración oscila entre diez y trece semanas, mientras que tres meses de calendario abarcarían doce semanas. Mucho ojo con este aspecto y consulta permanentemente con tu médico para saber el momento en que debes ponerte otra de inmediato.

Su tendencia a desaparecer totalmente el sangrado es extrema, más aún que en los otros tipos de inyecciones anticonceptivas. Tras dos años de usarla desaparece totalmente el sangrado en la mayoría de las mujeres. Aunque esto no es dañino en sí mismo para la salud, sin embargo te creará muchos quebraderos de cabeza porque nunca sabrás si estás o no embarazada salvo que te hagas una prueba.

Necesitarás una fórmula recordatoria cada "tres" meses, mejor dicho cada diez o doce semanas para volver a aplicar la inyección. Si eres muy olvidadiza será un desastre tu planificación anticonceptiva o tu reposición hormonal en la premenopausia, porque al cabo de este tiempo es fácil que ya no controles nada si no lo anotaste.

Aunque es un método temporal y reversible que no provoca esterilidad, tardarás en recuperar tu fertilidad hasta ocho meses o incluso un año después. Por ello tu planificación familiar no puede ser a corto plazo porque si deseas ser madre tardarás casi dos años más entre que te recuperas y que pasas el embarazo, tómalo en cuenta.

Recuerda que no protege del VIH SIDA ni de las infecciones de transmisión sexual. Si tu pareja no es segura, usen condón, sin importar la edad que tengan.

Tus dudas sobre la inyección trimestral

- **Si te pusiste la inyección por primera vez**, esperarás entre diez y doce semanas para ponerte la siguiente inyección, estés sangrando o no. Y así sucesivamente.

- **Si no aparece sangrado menstrual** no te preocupes (¿o sí?), pues con la inyección trimestral llega a desaparecer totalmente el sangrado. Conviene revisar con tu médico este aspecto a los tres meses de haber iniciado el método.

- **Si olvidaste la fecha exacta de reponer tu inyección** trimestral tendrás que utilizar condón como respaldo y acudir al médico.

- **Si tienes vómitos o diarrea** por otras causas, no afectan. Las hormonas de la inyección van por vía sanguínea y las alteraciones digestivas no le restan efectividad.

- **Si has de permanecer inmovilizada** por una convalecencia, la inyección trimestral no afecta a los posibles problemas de coágulos circulatorios porque no contiene estrógenos.

- **Si tomas otros medicamentos** al mismo tiempo que la inyección trimestral, debes consultar a tu médico sobre los que tomabas antes y pretendas tomar después.

- **Si hay posibilidad de** SIDA u otras infecciones de transmisión sexual porque tú o tu pareja han tenido relaciones anteriores, entonces recuerda que la inyección anticonceptiva no te protege frente a ellas, sólo evita el embarazo o repone hormonas. En estos casos exige condón, no lo dudes.

- **Si sales de viaje** y te toca aplicar una nueva inyección lejos de casa, tendrás que llevar contigo la siguiente inyección, ya sabes, conservada cuidadosamente, pues no en todos los lugares la vas a encontrar fácilmente en la farmacia, y menos, como hemos dicho tanto, si se trata de lugares con pocos habitantes o infraestructura rural.

- **Si vas a combinar la inyección** con otro método anticonceptivo, bien sea por precaución, porque no te la pusiste en la fecha indicada o para prevenir contagios de transmisión sexual, te recomiendo apoyarla con el uso del condón, nunca con el método del ritmo ni con la temperatura vaginal (consultar dichos capítulos más adelante) porque tu ciclo ovárico natural está alterado y no se puede medir con estos métodos.

- **Si compras una nueva inyección** hazlo en una farmacia seria, no vayas a proveerte en un tianguis ni aceptes restos ajenos de dudoso origen porque te puede costar un disgusto. Ten en cuenta que te exigirán receta médica. Verifica, antes de utilizarla, su fecha de caducidad y sus condiciones de conservación. Guárdala en un lugar fresco y seco o siguiendo las indicaciones que da cada fabricante en el envase, no la maltrates, que es un producto delicado.

- **No confundas esta inyección trimestral** con la inyección mensual (cada mes) o la bimestral (cada dos meses). Además de que tienen diferentes hormonas, conviene que tengas muy clara la fecha en que debes reponer la inyección y no te hagas bolas con los meses calculando una por otra.

Cada tres o cinco años...

El implante anticonceptivo

Es un método anticonceptivo a largo plazo. Hablando en femenino, para no variar. El implante anticonceptivo te mantendrá infértil durante los siguientes tres o cinco años (depende del tipo de implante) de manera permanente; es muy eficaz para evitar el embarazo. Es moderno y práctico.

Consiste en una pequeña varilla de plástico flexible que se inserta bajo la piel del brazo. Aquí va liberando poco a poco, durante años, una única hormona en dosis muy bajas que pasan a la sangre y frenan la ovulación; es decir, impiden que el ovario ponga en circulación tus células fértiles (óvulos). Adicionalmente provoca que el moco del cuello de tu matriz sea más espeso para bloquear la entrada de espermatozoides del semen masculino. Por último, hace que la capa interna de la matriz permanezca adelgazada de modo que no favorece la implantación de un embarazo. La protección es total como anticonceptivo y es triple.

La varilla clásica del implante anticonceptivo es de un material plástico sintético no biodegradable, es decir que no se va a deshacer bajo tu piel con el paso del tiempo, permanece inalterable. Mide 40 milímetros de longitud (o sea cuatro centímetros), por tan sólo dos milímetros de diámetro. Esta modalidad dura tres años efectivos de protección anticonceptiva en tu cuerpo.

Pero hay otra variedad de presentación del implante. Consiste en seis varillas diminutas idénticas que en total mide casi lo mismo que la anterior pero que se insertan en forma de abanico. Esta modalidad tiene cinco años de duración en tu cuerpo con total protección anticonceptiva.

El implante anticonceptivo pertenece a los métodos hormonales porque libera hormonas. Pero es monohormonal (de una sola hormona) como la minipíldora. Asimismo es un anovulatorio porque impide la ovulación. Se le llama también implante subdérmico porque va implantado debajo de la piel, en la capa profunda. Es incluso un método de depósito de la misma manera que la inyección, porque aquí se deposita la hormona que se va liberando lentamente.

Al tratarse de un método hormonal, al igual que en los otros (píldora, parche, anillo vaginal y la inyección anticonceptiva) habrás de consultar primero con tu médico para ver si eres candidata a utilizar hormonas. En caso de que lo autorice, éste puede ser un adecuado método para utilizar a largo plazo.

El implante anticonceptivo libera una única hormona, una progestina, y no contiene estrógenos, lo mismo que la minipíldora o la inyección bimestral y la trimestral. Por ello podrán utilizarlo muchas mujeres que no toleran los estrógenos y sus efectos secundarios por diferentes causas de edad o salud. En cambio la píldora combinada y la inyección mensual tienen dos tipos de hormonas: progestina y estrógenos.

Cómo utilizar el implante

El médico insertará la varilla bajo la piel de tu antebrazo o en la parte superior del brazo utilizando un anestésico local para hacer la pequeña incisión, esto es lo más frecuente.

Pero existe también una presentación moderna de una varilla que trae un aplicador desechable más cómodo y práctico que facilita la maniobra de la incisión. De cualquier modo, en ninguno de los casos es necesario dar puntos de sutura, pues la incisión es mínima.

Un sitio ideal para que no se note, es en la parte interna del brazo, de entre seis y ocho centímetros arriba del codo, en el canal que forman entre ellos el músculo bíceps y tríceps, justo debajo de la piel. Por la forma anatómica es el sitio más discreto y de menos roce.

Conviene elegir para el implante el brazo que menos utilices; es decir, el izquierdo si eres diestra o el derecho si eres zurda, lo anterior es con fines prácticos y estéticos, no porque te reste movilidad.

Se debe colocar por primera vez en uno de los cinco primeros días de la regla. Transcurridos los tres o cinco años (según el modelo de implante), tu ginecólogo te indicará que es momento de retirarlo con su ayuda y colocar uno nuevo si lo deseas.

Ventajas del implante

Al ser de larga duración, es ideal para cuando no planeas tener un hijo en los próximos años. Bien sea porque estás estudiando y no quieres interrumpir tu carrera o porque acabas de tener uno. O simplemente porque ya tienes el número de hijos que quieres y así puedes olvidarte de la protección anticonceptiva durante algún tiempo.

Sirve tanto para las mujeres que ya tuvieron algún hijo o un aborto, como para quienes nunca han vivido un embarazo.

Tiene una duración de total seguridad por tres o cinco años según la marca que estés utilizando y el modelo de implante que te indique el ginecólogo antes de introducirlo. Pero definitivamente te despreocupas de la fertilidad cuando no la deseas y puedes enfocar tu energía a lo que más te interese por un amplio periodo de vida.

Al no contener estrógenos, lo mismo que la minipíldora, pueden utilizar el implante algunas mujeres que tenían contraindicada la píldora combinada, como es el caso de las fumadoras, con problemas circulatorios, las mayores de 35 años o las que están amamantando porque no interrumpe el flujo de la leche ni afecta al bebé (ver "La minipíldora"). Pero todas estas situaciones habrán de ser valoradas en cada caso por el ginecólogo que te atienda, no se puede generalizar.

Con el implante, tu organismo recibe menos cantidad de hormonas diarias que si estuvieras tomando la píldora y, sin embargo, es tanto o más eficaz para evitar el embarazo.

Es un método discreto que no interfiere en la espontaneidad del encuentro sexual, no tienes que estar poniendo ni quitando nada en el momento justo. Tampoco te balconeas con un envase entre tus pertenencias por si mete las narices cualquier persona a quien no le incumbe.

Es comodísimo. Va implantado debajo de tu piel, trabaja solito y te olvidas del resto por varios años. Además puedes palparlo y estar tranquila sabiendo que sigue en su lugar sin que se mueva y te haga perder el sueño. Sin embargo, no se nota desde el exterior, sólo tú sabes dónde está. No se cae ni se mueve de su sitio, hagas lo que hagas está fijo.

Está en tus manos, claro que con la intervención siempre del ginecólogo para ponerlo o quitarlo. Pero sin duda no tienes que depender de que tu pareja cuide o descuide la protección anticonceptiva.

Incluso sirve muy bien para aquéllas que habían pensado en hacerse una ligadura de trompas definitiva y acabar con su fertilidad para siempre, pero que sin embargo son conscientes de que la vida da muchas vueltas y tal vez en unos años cambien de idea. Por ello reúne al mismo tiempo las ventajas de ser un método a largo plazo, aunque temporal y reversible.

No produce esterilidad. Aunque sea un método anticonceptivo de larga duración no afecta tu fertilidad una vez que lo retiras. Podrás buscar un embarazo casi de inmediato porque vuelves a ser fértil al cabo de una semana de haberlo quitado.

No dependes de la memoria diaria ni de dejar tus píldoras aquí o allá. El implante va puesto en tu cuerpo permanente. Aquí no hay riesgo de olvido salvo que te pierdas en la selva amazónica por más de tres años.

Es útil también para aquellas mujeres que tengan absolutamente contraindicado el embarazo y no quieran correr riesgos gozando así de una protección permanente.

Al igual que la minipíldora, disminuye los dolores menstruales en aquellas que los padecían, los cólicos, la indisposición por las reglas, los cambios de humor y los dolores de cabeza.

Su efectividad no se altera aunque padezcas vómitos o diarrea por otras causas como ocurre con la píldora, ya que aquí las hormonas pasan de la piel directamente a la sangre sin utilizar el canal digestivo.

Al igual que otros anticonceptivos hormonales que utilizan solo progestina (minipíldora), el implante tiene un efecto protector para evitar enfermedades como endometriosis, anemia por sangrados excesivos, enfermedad pélvica inflamatoria, desgaste óseo, quistes benignos de ovario y mama. Además protege también de un buen número de infecciones vaginales porque uno de sus efectos es engrosar el moco del cuello de la matriz cumpliendo una faceta de barrera para muchos gérmenes.

Evita abortos por embarazos no deseados, dada su eficacia como anticonceptivo. Es importante valorar este dato porque los abortos cobran vidas de muchas mujeres por falta de planificación.

Inconvenientes del implante

Dada su larga duración anticonceptiva, no es para mujeres que planeen embarazarse en los próximos tres años.

Tampoco es el método ideal en caso de que sostengas relaciones sexuales esporádicas. Ten en cuenta que vas a vivir con hormonas permanentemente durante varios años. Esto merece la pena como protección anticonceptiva si ya tienes una vida sexual activa y frecuente. Pero si tus encuentros eróticos se dan después de muchos meses, entonces será mejor que le exijas a tu pareja que use condón y te ahorras un esfuerzo desproporcionado.

El sangrado que presentarás es variable e impredecible. En general tiendes a sangrar cada vez menos, o a no sangrar. En sí mismo no es un problema médico ni representa daños para tu salud, es simplemente una cuestión práctica o psicológica. No sangrar puede ser una ventaja de comodidad, pero también hay mujeres que lo viven como un problema y llegan a dudar permanentemente si están embarazadas porque no sangraron.

Tanto la colocación como la extracción debe realizarla un médico capacitado para ello. No puedes ponerlo o quitarlo por ti misma.

En caso de intolerancia o contraindicaciones a la progestina, tu médico te indicará otros sistemas alternativos no hormonales.

No es el método ideal para las mujeres que tengan pánico a las pequeñas cirugías porque, aunque la intervención es leve, hay personas que no toleran ni una inyección y mucho menos un bisturí. Ten en cuenta que precisarás de ello tanto para ponerlo como para retirarlo.

Los primeros siete días tras colocarte el implante debes de utilizar otro método paralelo para cuidarte si tienes relaciones sexuales ya que no te protege todavía. Lo más recomendable es el condón.

A algunas mujeres, muy pocas, el implante les produce dolores de cabeza esporádicos durante los primeros tres meses de uso, mismo que desaparece con el tiempo. En caso de persistir se debe de consultar al médico.

En cuanto al peso, hay algunas mujeres que engordan levemente, otras que adelgazan y otras que no experimentan variaciones. Si persisten estas alteraciones durante más de tres meses se debe de retirar el implante y optar por otro método anticonceptivo no hormonal. El control de comidas y de ejercicio es recomendable independientemente del anticonceptivo que utilices.

Puede producir tensión mamaria, sensación de inflamación en los senos como si estuvieran hinchados. Pero esto ocurre sólo en algunas mujeres y de cualquier modo debe de desaparecer tras los primeros meses de tener puesto el implante, nada más es cuestión de reacomodo hormonal hasta que el cuerpo se habitúe.

No debe colocarse en una mujer embarazada o con sospecha de embarazo, esto es lo mismo para cualquier otro método hormonal.

No es recomendable en mujeres que pesen más de 90 kilos ya que la progestina que contiene se involucra en el metabolismo de las grasas y puede perder efectividad, además de causar molestias secundarias.

No debe utilizarse cuando exista un sangrado vaginal no diagnosticado, de origen incierto o poco claro. Pero esta es una recomendación que puede hacerse extensiva a casi todos los métodos anticonceptivos.

Un inconveniente para muchas mujeres es el alto costo del implante, en torno a los tres mil pesos que se gastan de una sola vez. Pero en realidad, si lo prorrateamos como gasto mensual de los tres o cinco años que dura, puede ser aún más rentable que la píldora, sólo que esta última se paga en cómodas mensualidades.

El implante anticonceptivo no lo colocan gratuitamente en el Sector Salud, es decir en la medicina pública. Por tanto si quieres utilizar este método tendrás que recurrir a la medicina privada. Así es a la fecha, tal vez en un futuro cambien las cosas porque puede resultar rentable.

No protege contra el VIH SIDA ni contra las infecciones de transmisión sexual, es únicamente un anticonceptivo que evita el embarazo. De modo que si tu pareja no es segura, habrás de utilizar al mismo tiempo condón para evitar el contagio.

Al igual que otros métodos anticonceptivos hormonales, el implante no es recomendable si padeces problemas circulatorios, cardiacos, embolia pulmonar, epilepsia, migraña o manchas de pigmentación en el rostro, sobrepeso, alteraciones en el metabolismo de las grasas, si tu hígado está dañado, si padeces hipertensión severa (presión arterial alta), si eres diabética o tienes insuficiencia renal o si padeciste cáncer de mama (aunque esté resuelto).

En el caso de las fumadoras no se recomiendan en general los métodos hormonales porque se agrava el problema circulatorio de várices, flebitis (inflamación profunda de las venas) o trombosis (coágulos). Sin embargo, el implante, al no contener estrógenos, es muchas veces indicado para estos casos porque no es tan dañino como la píldora combinada. De cualquier modo habrá que valorar con tu doctor cada caso y vigilar siempre con revisiones periódicas.

Tendrás que acudir al doctor y retirarte el implante anticonceptivo si aparecen algunos de los síntomas de alarma que se describen con la píldora (ver apartado "Inconvenientes de la píldora").

Tus dudas sobre el implante

- **Si te preguntas qué tipo de mujeres** pueden usarlo, te lo diré, es adecuado para las mujeres mayores de quince años, que hayan tenido hijos o no, y con un peso menor a los 90 kilos.

- **Si tienes un sangrado fuera de fecha** no te preocupes. Es normal que ocurra de una manera desordenada durante los primeros meses en que llevas puesto el implante.

- **Si no sangras** durante largos periodos también es normal. Muchas mujeres no reglan prácticamente con el implante. Si tienes dudas, puedes hacerte una prueba de embarazo al cabo de un mes, luego ya no hay duda, no puedes estar embarazada.

- **Si no sabes en qué año** o fecha te toca retirar o cambiar el implante, basta con hablar al doctor que te lo puso porque él tiene este dato anotado en tu historial. De cualquier modo conviene que lo asocies con algún momento memorable en tu vida para que permanezca en tu recuerdo relacionado con él.

- **Si tienes relaciones sexuales la primera semana** tras colocarte el implante, es mejor que refuerces tu seguridad con un condón. De esa fecha en adelante ya no habrá problema y estarás totalmente protegida.

- **Si hay posibilidad de contraer** SIDA u otras infecciones de transmisión sexual porque tú o tu pareja han tenido relaciones anteriores, entonces recuerda que el implante no te protege del contagio, es sólo un anticonceptivo que evita el embarazo. Tendrás que utilizar condón y exigirlo, no lo dudes.

- **Si te preocupa que se inflame la zona** en la que está tu implante. No es habitual que suceda, ocurre muy rara vez y de cualquier modo se soluciona rápidamente por sí mismo o con el consejo del doctor si se infecta.

- **Si acabas de tener un bebé** y no estás amamantando, podrás ponerte el implante entre los días 21 y 28 tras el parto, siempre de acuerdo con tu médico, es importante saber si lo considera adecuado para ti.

- **Si estás amamantando** podrás colocarte el implante a partir de la sexta semana tras el parto de acuerdo con tu doctor. De cualquier modo, la hormona que contiene no afectará al bebé ni la calidad de la leche.

- **Si tuviste un aborto** puedes colocarte el implante inmediatamente siempre y cuando tu médico considere que es un método anticonceptivo adecuado para ti.

- **Si tomas otros medicamentos** mientras tienes puesto el implante, en general no le van a afectar ni a restar efectividad porque está previsto que tu vida sigue con sus altos y bajos. Además no contiene estrógenos que suelen ser los que interactúan con otros medicamentos. No obstante consulta siempre a tu médico acerca de lo que estabas tomando antes del implante y con el implante.

- **Si quieres retirarte el implante** porque deseas tener un bebé, porque vas a cambiar de método anticonceptivo o por alguna otra causa de contraindicación, bastará con acudir al doctor para que te lo retire y recuperarás tu fertilidad rápidamente, tenlo en cuenta para bien y para mal, ¡ojo!, jamás intentes retirar el implante sola o con alguna "mano amiga" que no sea la del doctor. El retirarlo es un poquito más engorroso que el colocarlo, ya que alrededor del implante se generó algo de tejido fibroso que lo envuelve como cuerpo extraño que es, pero sólo quedará una mínima cicatriz casi imperceptible.

- **Si vas a combinar el implante** con otro método anticonceptivo para prevenir contagios de transmisión sexual, en cualquier caso te recomiendo apoyarlo con el condón, nunca con el método del ritmo ni con la temperatura vaginal (ver estos capítulos más adelante) porque tu ciclo ovárico natural está alterado y no se puede medir con estos métodos.

- **No confundas el implante con el parche**. Este implante se llama subdérmico porque va insertado debajo de la piel (*sub*=debajo + *dermis*=piel). En cambio el parche hormonal anticonceptivo va simplemente pegado sobre la piel y se dice que es transdérmico (*trans* = a través + *dermis* = piel) porque penetra la hormona a través de la piel. Por desgracia, hay gente que al implante lo llama también "parche transdérmico" y es aquí donde nos podemos hacer bolas. Creo que es una mala idea utilizar la palabra "parche" para el implante porque va implantado, como una planta.

El dispositivo intrauterino (DIU)

Es un aparatito que el ginecólogo coloca atravesando el fondo de tu vagina, insertándolo de manera fija en tu matriz y que te dará una protección anticonceptiva muy eficaz evitando el embarazo durante los próximos uno, tres, cinco y hasta diez años, dependiendo del modelo de dispositivo que utilice. Es obvio que es para mujeres, por ello hablaremos en femenino.

Verás que la gente lo llama DIU porque estas son las siglas que quieren decir Dispositivo Intra Uterino. Pero también encontrarás que en el lenguaje común se conoce simplemente como "dispositivo", sin más apellido. No obstante los hay de muy diferentes tipos y conviene que los conozcas por su nombre completo, por ello te los describimos más adelante.

Intrauterino quiere decir "dentro del útero" que es donde va colocado este dispositivo. Útero es lo mismo que matriz, es decir se refiere a una cavidad amplia que hay más allá de tu vagina y que es el nido donde crecen los bebés cuando te embarazas. Al fondo de la vagina hay un estrechamiento, un pasillito que es la puerta de entrada a la matriz, es el cuello de la matriz. Cuello es lo mismo que cerviz o cérvix, por tanto también verás que se refieren a esta última zona como cérvico-uterina.

El DIU es un aparatito pequeño, de plástico flexible y que contiene distintas sustancias y materiales según el modelo de dispositivo. Su eficacia anticonceptiva es alta pero menor que la de la píldora y otros métodos hormonales (parche, anillo vaginal, inyección e implante anticonceptivo).

El dispositivo fue inventado en los años sesenta. Empezaron a utilizarse de manera generalizada hace más de veinte años. Desde entonces lo han utilizado más de cien millones de mujeres en el mundo.

Es un método anticonceptivo de larga duración. Útil entre un hijo y otro, cuando ya no quieres tener más hijos, como alternativa a la ligadura de trompas definitiva porque aún eres joven, incluso antes de tener ningún hijo con los nuevos modelos cortos.

Tipos de DIU

Hay tres tipos de DIU que se usan actualmente. Los clásicos son los de cobre. Por fuera es un aparatito pequeño, de plástico flexible con forma de letra "T", que contiene un alambre de cobre; este se conoce como T de cobre o modelo T cu. Sus medidas son muy pequeñas: 36 x 32 milímetros, menos de medio centímetro por cada lado. Se utiliza para mujeres que ya tuvieron un hijo para no lastimar la matriz aún chiquita. Su duración es de diez años.

Otro tipo de DIU más reciente ya permite ser utilizado en adolescentes y en mujeres que nunca tuvieron un hijo porque es más pequeño y no lastima la matriz. El modelo se llama T de cobre corta o T cu corta. Obviamente es de cobre como el anterior, también en forma de T, pero sus medidas son más pequeñas: 23 x 26 milímetros.

Un tercer tipo de DIU de reciente creación contiene además hormonas anticonceptivas como las de la píldora y se conoce en el mundo médico como el modelo SIU-LNg, iniciales de la hormona llamada levonorgestrel. Más popularmente lo llaman nada más el "DIU con hormonas". En realidad combina los efectos del DIU clásico con los de la Minipíldora. Hay que recambiarlo cada año. En este caso sirve para tratar a las mujeres que sufren menstruaciones muy abundantes porque las disminuye y también para las que padecen cólicos e indisposición porque los elimina con las hormonas, cosa que no ocurre con el dispositivo clásico de cobre. A cambio tiene un patrón imprevisible de sangrado, puedes no sangrar en absoluto y no sirve para aquellas mujeres que tengan intolerancia a las hormonas.

En cuanto a la duración del efecto anticonceptivo del DIU de cobre hay que señalar que inicialmente se manejaban con mucha cautela y se les daban nada más períodos de vida de tres a cinco años. Pero con el tiempo, la experiencia demuestra que el dispositivo es perfectamente eficaz durante diez años sin necesidad de cambiarlo (Population Council) siempre y cuando se hagan las revisiones médicas periódicas y no haya contraindicación que aconseje su retiro. En el caso del DIU con hormonas habrá que cambiarlo cada año.

Desde que se inventó el dispositivo ha habido muchos otros modelos de plástico, de metal, en forma de "S", en espiral o serpentina, en forma de "7", etcétera. También se les ha llamado popularmente "esterilet" o "la espiral". Sin embargo los que se utilizan en la actualidad en los países más avanzados (incluido México) son los descritos más arriba de la T de cobre larga, la corta, y el DIU con hormonas.

Cómo actúa el DIU

El mecanismo de acción del dispositivo como método anticonceptivo es múltiple. En primer lugar su efecto es el de un cuerpo extraño en la matriz, en este caso de manera benéfica para evitar el embarazo. Al ser colocado, de inmediato el organismo genera una reacción de "rechazo" por decirlo de alguna manera, una inflamación, defendiéndose al rodearlo de unas células que son los basureros de la sangre, los macrófagos que todo lo devoran para limpiar el cuerpo por dentro. De está manera se encargarán de engullir y deglutir a los espermatozoides que lleguen tras la relación sexual.

Pero el efecto del DIU no es sólo ése, hay más. Al estar insertado en la matriz también produce cambios en la capa interna de la misma, en el endometrio, que liberará enzimas que disuelven a los espermatozoides masculinos que llegaron del coito. El cobre que libera tampoco les permite sobrevivir porque los envenena.

En tercer lugar el DIU crea en la matriz un ambiente inhóspito para que anide un huevo y se instaure un embarazo, aunque todo lo anterior hubiera fallado y el óvulo se hubiera fecundado.

En el caso del DIU con hormonas, éstas además espesan el moco del cuello de la matriz dificultando el paso de los espermatozoides en busca del óvulo; las hormonas fortalecen esa capa como si fuera una barrera.

Por todo ello el DIU se considera un método mecánico porque hace barrera e impide el paso, pero también químico y hormonal porque cambia las condiciones de tu aparato reproductor.

Su seguridad como anticonceptivo es menor a la de los métodos hormonales (píldora, parche, anillo, inyecciones o implante). Pero a la hora de marcar estadísticamente el índice de fallos varían tremendamente las cifras de unos a otros investigadores. Unos dicen que evita el embarazo en un porcentaje del 95 al 99 por ciento. Otros dicen que en un año de uso se embarazan solamente de 0.5 a dos por cada cien mujeres, mientras que diferentes autores dicen que la cifra oscila entre 1.5 y cuatro en el mismo periodo. Sea cual fuere la cifra, si te embarazas no tendrás un tanto por ciento de hijo, lo tendrás completo, y no te importará que sea una parte mínima de la estadística. De cualquier modo se sabe que la seguridad del DIU aumenta con el tiempo, su porcentaje de fallos disminuye a partir del primer año de uso, es como los vinos que ganan calidad al envejecer.

Cómo utilizar el DIU

El DIU viene de fábrica en un empaque estéril libre de contaminantes con un aplicador para que el doctor pueda deslizarlo con facilidad a través de tu vagina.

El ginecólogo lo insertará atravesando el cuello de tu matriz, al fondo de tu vagina, hasta dejarlo asentado en la matriz. Se suele colocar durante los días tu periodo menstrual. Esto se hace porque en esas fechas el cuello está más dilatado y se puede realizar con mayor facilidad.

El doctor te dará primero un piquetito de anestesia local en el cuello de la matriz para que no sientas dolor al insertarlo. Los doctores que dicen que no duele porque la zona no tiene nervios sensibles lo afirman porque no tienen matriz. Pide tu anestesia local porque sí duele aunque es tolerable.

Durante las horas siguientes de haber sido colocado, puede que sientas una especie de cólicos similares a la menstruación, debido a que la matriz se defiende contra ese cuerpo extraño y se contrae intentando expulsarlo. No te preocupes, no lo logrará. En cuanto a las molestias es bueno que el doctor te recete un relajante de músculo liso (no sirven los habituales analgésicos para el dolor de cabeza ni los de músculo estriado). De cualquier modo cederá en unas horas por sí mismo y el cuerpo aceptará finalmente al dispositivo que será su compañero por unos cuantos años.

Debes de revisar con el doctor su colocación y funcionamiento al mes de habértelo puesto. Luego a los seis meses y posteriormente una vez al año.

El DIU lleva en uno de sus extremos unos hilitos de plástico que quedarán colgando al interior de tu vagina una vez colocado. Sirven para que tú puedas controlar rutinariamente que el dispositivo siga en su lugar y que no lo hayas perdido, y para ello basta introducir tus dedos en la vagina y palparlos. Debes de hacerlo como mínimo una vez al mes.

Conviene aclarar que la colocación del DIU no requiere de una cirugía ni siquiera mínima como en el caso del implante anticonceptivo. Se trata nada más de una inserción dentro de tu cuerpo, una colocación interna y el doctor lo hace de manera rapidísima, visto y no visto.

Se puede colocar también inmediatamente después del parto, de cesárea o tras un aborto si lo acuerdas previamente con tu doctor. Cuando se coloca después del coito funciona como anticoncepción de emergencia (ver más adelante "Tus dudas con el DIU").

Pasado su tiempo de actuación (de uno a diez años según el tipo) el ginecólogo se encargará igualmente de retirártelo con un pequeño y molesto jaloncito, pero muy rápido. Ahí mismo podrás decidir si quieres ponerte otro, retirarlo definitivamente para ser fértil o cambiar a otro método anticonceptivo porque tus condiciones de vida han cambiado.

Ventajas del DIU

Al ser de larga duración, el dispositivo es ideal para cuando no planeas tener un hijo a corto plazo. Ya sea por tus ocupaciones o porque de plano quieres dedicar tiempo para ti o para criar los hijos que ya tienes. Tal vez puede funcionarte entre uno y otro hijo. Incluso como alternativa en lugar de hacerte algo definitivo como la ligadura de trompas porque... la vida da muchas vueltas y puedes tener otra opinión si tu vida cambia. Por ello reúne al mismo tiempo las ventajas de ser un anticonceptivo de largo plazo, pero a la vez temporal.

El DIU es cómodo porque una vez colocado te despreocupas de tus problemas de fertilidad y puedes disfrutar del erotismo con tu pareja durante los próximos años sin tener que calcular fechas, tomarte una pastillita diaria, ponerte parches o aplicarte inyecciones.

No interrumpe el encuentro sexual con maniobras o preparativos incómodos de "pago por evento". Lo tienes puesto y ya. No se nota, sólo tú lo sabes. La planificación de tu fertilidad está en tus manos, no dependes de que tu pareja cumpla su cometido muchas veces de manera reacia o mentirosa.

Es discreto, sólo tú sabes que lo llevas puesto. No requieres de la presencia de cajas o envases delatores con la gente que te rodea y que, a veces, es demasiado curiosa.

No hay riesgo de que lo olvides porque una vez colocado ya te olvidas de reposiciones y calendarios a no ser que te dé un ataque de Alzheimer y no sepas ni quién eres. Aunque parezca increíble, más de una vez he recibido consultas de mujeres que se olvidaron de él por veinte años, ¿tan cómodo será o tan fuerte es el olvido?

El DIU normal de cobre pueden utilizarlo todas aquellas mujeres que tengan cotraindicadas las hormonas anticonceptivas. También las que estén amamantando porque no afectará la cantidad ni la calidad de la leche.

Aunque sea un anticonceptivo de tiempo prolongado, es al mismo tiempo, temporal y reversible. Si deseas tener hijos o cambiar de método, al retirártelo recuperas tu fertilidad al momento, mucho más rápido que con la píldora. Esto tendrás que tenerlo en cuenta para bien y para mal, ¡ojo!

Es aplicable en cualquier momento de la vida reproductiva de la mujer. En la menopausia no tiene caso porque tampoco repone las hormonas que te falten.

El modelo corto de la T de cobre se puede utilizar en mujeres que no hayan tenido ningún hijo, en nulíparas (de partos nulos). En estos casos hay doctores que piden como requisito que se cumplan tres condiciones: que seas mayor de dieciocho años; que no seas promiscua (dos o más compañeros sexuales); que no tengas vulvovaginitis de repetición (inflamaciones de la vagina o genitales externos de la vulva). Otros especialistas, sin embargo, consideran que se lo pueden poner todas las mujeres sanas, independientemente de su edad si ya iniciaron su vida sexual, ¡pues sí!

El dispositivo no engorda ni produce manchas en el rostro ni provoca acné. Tampoco crea problemas con la presión arterial, el hígado, la circulación venosa y los coágulos, ni con el corazón. Pueden usarlo las fumadoras. No produce náuseas. Tampoco se altera por vómito o diarrea que sucedan por otras causas, ni por otros medicamentos que estés tomando.

Aunque aparentemente resulta caro a la hora de ponértelo, si dividimos su costo entre los años que te protege puede ser el método más barato del mundo. Además te lo colocan gratuitamente en el Sector Salud por su rentabilidad a largo plazo.

Inconvenientes del DIU

El dispositivo lo tiene que colocar y retirar un médico entrenado, no puedes manejarlo por tu cuenta porque va insertado en la matriz que es una cavidad interna e inaccesible para ti, no es como un tampón que se coloca simplemente en la vagina.

Aunque te den anestesia local para insertarlo, en verdad duele ligeramente el piquete. Es tolerable para la mayoría de las mujeres, pero si tienes fobia a estas situaciones será mejor buscar otro método con el consejo del médico. También duele al momento de retirarlo.

Genera cólicos el día de la colocación. Si eres muy sensible tal vez no estés en condiciones muy animosas para realizar tus tareas habituales del hogar, trabajo o estudio ese día.

Cuando tienes puesto el dispositivo de la T de cobre, las reglas serán abundantes. No disminuye el sangrado, más bien lo aumenta y durará más días. Si padecías cólicos antes de colocarte el DIU los seguirás teniendo, no te los alivia como lo hace la píldora. De plano la T de cobre no es interesante para las mujeres que tienen previamente reglas abundantes y dolorosas.

Las molestias anteriores no aparecen con el DIU de hormonas. Pero a cambio no lo podrán utilizar aquellas que tengan alguna contraindicación para el uso de estas sustancias.

Aunque el DIU queda insertado en el cuerpo de manera segura, siempre existe el riesgo de perderlo y expulsarlo en la taza del baño ante un empuje fuerte si no quedó bien colocado. Si no te diste cuenta puedes salir embarazada.

Existen algunas mujeres, muy pocas, que pueden tener intolerancia al cobre y no podrán utilizarlo. En algunos casos provoca dolor abdominal permanente que aconseja su retiro.

No protege del VIH SIDA ni de las infecciones de transmisión sexual. Por tanto, si tu pareja no es segura tendrás que utilizar al tiempo otro método de apoyo. Lo ideal es el condón.

El dispositivo no es el método ideal si tienes múltiples parejas sexuales. Las infecciones pueden estar a la orden del día. Con más de un compañero sexual, además del contagio, se incrementa el riesgo de enfermedad pélvica inflamatoria que puede causar esterilidad a la larga. Por ello si aún así decides ponértelo, deberás firmar un consentimiento informado con un testigo. El DIU es más interesante para mujeres estables, fieles y con compañeros que también lo sean porque de otro modo no se asegura nada y corres el mismo riesgo.

Tampoco es el método ideal si planeas embarazarte en los próximos meses, aunque recuperas tu fertilidad al quitártelo sería un desperdicio porque es de larga duración.

No es adecuado para ti si tu estado de salud puede afectar tu sistema inmunológico, es decir las defensas de tu organismo. Consulta este aspecto con tu médico antes de ponértelo.

Resulta más caro a la hora de ponértelo que la mayoría de los otros métodos anticonceptivos como la píldora, el anillo o el parche. Más o menos parecido al costo del implante anticonceptivo.

La maniobra de palpar los hilitos dentro de tu vagina para verificar que sigue ahí, puede resultar de pánico para algunas mujeres que no se relacionan en absoluto con su vagina y temen que ahí adentro viva un monstruo que les vaya a devorar la mano. Conviene familiarizarse con el cuerpo, más cuando es el propio y no el ajeno. Es nuestro estuche y nuestro tesoro.

En el organismo de algunas mujeres puede producirse un rechazo del dispositivo y puede ser expulsado espontáneamente. Esto ocurre sobre todo en mujeres jóvenes y que no han tenido nunca hijos y durante los primeros meses de llevarlo puesto.

Las complicaciones que puede producir el DIU, aunque son raras, sin embargo pueden resultar muy graves: perforación abdominal y embarazo extrauterino (fuera del útero). Esto último puede ocurrir porque, en caso de fallar como anticonceptivo y producirse un embarazo, el propio DIU impide que el huevo fecundado anide en la matriz y tenderá a instalarse fuera de ella en un sitio inadecuado donde no puede crecer y al hacerlo te revienta, es lo que se llama un embarazo ectópico (*ec*=fuera + *topos*=lugar), ya sea en la trompa, el propio ovario, el cuello de la matriz o en la cavidad abdominal.

No se debe de usar en caso de embarazo.

Tampoco está indicado si tienes alguna anomalía anatómica en la forma de tu útero, ya que no quedará bien insertado y puede incrustarse, perforar o lastimar las paredes.

No debe colocarse si existen indicios de cáncer cérvico uterino (del cuello de la matriz), cáncer de ovario o cáncer de endometrio (capa interna de la matriz). Tampoco en caso de tuberculosis pélvica ni en presencia de infecciones que afecten localmente a las zonas del aparato reproductor femenino.

No se podrá colocar el dispositivo en ese momento si hubo infección tras el parto o aborto.

Cuando se coloca inmediatamente tras el parto, el médico tendrá que considerar que hay un cierto grado de riesgo de perforación durante la inserción y deberá de vigilarse a partir de las 48 horas posteriores hasta cuatro semanas después.

Si los dolores en el vientre y el sangrado persisten por más de 60 días (dos meses) tras la colocación del dispositivo, habrá que retirarlo y buscar otro método con el consejo del doctor.

Tus dudas sobre el DIU

- **Si te lo pusieron tras el parto** conviene revisar la toalla sanitaria para comprobar que no se salió porque el cuello de la matriz está muy dilatado. Si así fue, te puedes colocar otro después de cuatro semanas.

- **Si precisas anticoncepción de emergencia** el DIU sirve también al igual que la píldora de emergencia. En este caso te lo puede colocar el médico dentro de los cinco días inmediatos siguientes a una relación de riesgo: violación, condón roto o falla de tu sistema anticonceptivo habitual. Lo que hace el dispositivo es crear un entorno adverso en la mucosa de la matriz que impide la implantación del huevo aunque estuviera ya fecundado. Si se realiza esta maniobra a tiempo es eficaz cien por ciento como anticonceptivo de emergencia. Pero ten en cuenta que esto sólo debes de hacerlo en casos excepcionales, no puedes estar poniéndotelo y quitándotelo todo el tiempo con el doctor. Si te ocurrió y te lo colocas, también es un modo de contar con una anticoncepción duradera dejándolo puesto de una vez. Algunos autores dicen que tienes un margen de siete días posteriores a la relación de riesgo para colocártelo como Anticonceptivo de Emergencia, pero mejor actuar cuanto antes y no correr riesgo con algo tan sagrado como un embarazo. Si precisas más información sobre anticoncepción de emergencia revisa el capítulo "Píldora de emergencia".

- **Si tienes reglas abundantes y dolorosas** no te conviene el dispositivo clásico de la T de cobre. Sólo el DIU hormonal te liberará de estas molestias si el doctor considera que eres apta para él.

- **Si tienes intolerancia a las hormonas** no podrás utilizar el DIU con hormonas pero sí el dispositivo clásico de la T de cobre.

- **Si quieres comprobar que sigue ahí el** DIU bastará con palpar sus hilitos introduciendo tus dedos, tranquila y sin nerviosismo, al interior de tu vagina, es más fácil si lo haces agachada en cuclillas. Busca un momento y lugar tranquilo en que estés a solas, no se precisa público ni opinadores gratuitos ni que te echen porras por muy interesadas que estén tus amigas o tu pareja. Esto puedes hacerlo cuantas veces quieras, sistemáticamente te lo recomiendo después de cada menstruación pero, eso sí, con las manos muy limpias para no acarrear infecciones. También conviene que observes tus toallas sanitarias por si fue expulsado.

- **Si quieres utilizar tampones** en vez de toallas sanitarias durante tu regla, puedes hacerlo sin problema. El tampón va en la vagina, no en la matriz, y no le afecta.

- **Si no encuentras los hilitos** del dispositivo al palpar dentro de tu vagina, puedes acudir al doctor para ver si el DIU sigue en su sitio. Lo podrá ver con un ultrasonido o ecografía. También en rayos X, aunque el dispositivo es transparente y no se vería en la placa, suele llevar un baño de sulfato de Bario que lo hace opaco a los rayos X para que resulte visible.

- **Si tu pareja dice que lo nota** al penetrarte y que le molesta, dile que no sea presumido porque el dispositivo está en tu matriz y ahí no entra pene alguno. Si el suyo sí, pues dile que nos haga el favor de darnos su número de teléfono porque es un portento. No obstante —ahora en serio— los hilos plásticos pueden resultar molestos para el pene muy sensible de algunos hombres y se quejan de que los lastiman, pero esto es en raras ocasiones. Si fuera el caso, el ginecólogo puede también recortarlos sin dificultad, pero entonces será difícil palparlos.

- **Si sangras poco o nada** con el DIU de hormonas durante tus fechas de regla, es normal. No te daña este hecho en absoluto y en realidad es más cómodo. Únicamente tendrás la duda de si estás o no embarazada y en todo caso necesitarás hacerte una prueba y acudir al médico.

- **Si no sabes cuánto dura tu** DIU, consulta a tu doctor el tiempo de efectividad del modelo que te colocó. Pero ten en cuenta que en los últimos años se ha duplicado y más, su nivel de seguridad. En general, se están usando tranquilamente por diez años los de cobre y por un año los de hormonas.

- **Si piensas que no es para ti** el DIU porque te dicen que es para las que ya fueron madres y no es tu caso, tengo buenas noticias: existe ahora un dispositivo que es la T de cobre corta que sí te puedes poner sin lastimarte aunque no hayas parido.

- **Si no sabes cuándo hacer tu cita** para colocarte el DIU conviene que sea durante la menstruación para que el cuello de tu matriz esté más dilatado y sea más fácil atravesarlo. Por ello conviene que hagas tu cita con el ginecólogo con antelación y no se te pase un mes tras otro esperando. No obstante, conste que se puede colocar en cualquier momento aunque no estés menstruando.

- **Si crees que perdiste el** DIU acude de inmediato al doctor y entre tanto utiliza un condón como método de apoyo para no correr riesgos.

- **Si existe riesgo de** SIDA o infecciones de transmisión sexual porque tú o tu pareja tuvieron otros compañeros sexuales sin protección, entonces conviene que utilices siempre condón ya que el DIU no evita estos contagios.

- **Si te embarazaste con el** DIU acude de inmediato al doctor para que te examine y te diga cómo proceder. Puede ser peligroso que el embarazo se localice fuera de la matriz (extrauterino o ectópico) y en ese caso habrá que interrumpirlo de manera terapéutica porque corres una gran riesgo. La posibilidad de aborto espontáneo es también aquí de más del 50 por ciento. Si deseas seguir con el embarazo y los hilos son visibles, el doctor puede extraerlo para evitar este riesgo. Te pongo aquí el caso extremo, pero también te digo que hay mujeres que parieron normalmente con todo y DIU colocado. Por si las dudas, acude al doctor.

- **Si quieres retirarte el** DIU definitivamente bastará con que vayas al ginecólogo en cualquier momento. Aunque es un método anticonceptivo de larga duración no es obligado mantenerlo durante todos esos años. Tal vez quieres cambiar de método o recuperar tu fertilidad para embarazarte, lo lograrás de inmediato, no hay problema.

- **Si tienes una infección** vaginal o del cuello de la matriz, habrá que esperar a curarla antes de colocar el DIU.

- **Si temes las molestias** tras ponerte el DIU, te diré que no duran más de 24 horas. Las molestias que comienzan después de 30 días o más, suelen deberse a infecciones de transmisión sexual y no al dispositivo.

- **Si vas a combinar el** DIU con otro método anticonceptivo de apoyo, bien sea por precaución reforzada o para evitar contagios de transmisión sexual, utiliza el condón, es lo único que te da esta seguridad.

- **Si temes quedarte estéril** no será por el dispositivo. Es un método temporal y reversible, tu fertilidad regresa casi de inmediato tras retirarlo.

- **Si no sabes cuándo regresar al ginecólogo**. Una vez que te lo coloquen deberás de revisarlo con el doctor al cabo de un mes. Luego, la segunda revisión a los seis meses y la otra cada año. En adelante, una revisión anual será suficiente si no ocurre alguna contingencia.

- **Si tienes sexo muy pocas veces al año** no merece la pena llevar el dispositivo puesto para tan poco provecho. Platica con tu doctor quien te ayudará a buscar otro método alternativo. Y desde luego siempre puedes contar con el condón que es de "pago por evento" y además te protege de contagios, nada más exígelo en tus encuentros.

- **Si crees que afecta tu apetencia sexual** no es cierto. Pero en caso de que te provoque inflamación puede haber dolor abdominal, penetración dolorosa (dispareunia) y entonces debes de retirar el dispositivo porque no te sienta bien. Lo que sí puede resultar engorroso son las menstruaciones largas, abundantes y molestas que desde luego te quitarán las ganas del sexo, pero esto no te ocurre con el DIU de hormonas.

- **No confundas el** DIU con cualquier otro método que implique poner cosas por tu cuenta en la vagina (anillo vaginal, diafragma, etcétera). Este dispositivo no va en la vagina, va insertado en la matriz y lo coloca el doctor, no tú, por muy hábil que te sientas.

Para siempre...

La ligadura de trompas

Es un método anticonceptivo definitivo, elimina tu fertilidad para siempre. No es temporal para andarse arrepintiendo o cambiando de idea como podemos hacer con la píldora, el parche, el anillo, la inyección, el implante o el dispositivo.

Es una intervención quirúrgica que se realiza en la mujer, por ello hablaremos una vez más en femenino. En realidad se trata de una esterilización (te deja estéril) o una castración de tu capacidad reproductiva, aunque ambas palabras suenen fuertes. Debe de considerarse definitivo y no usarse como temporal, aunque en algunos casos puede ser reversible (ver más adelante apartado "Ligadura reversible").

Conviene conocer algunos nombres sobre este procedimiento porque ya sabes que luego los médicos te hablan en griego —literalmente— y no entendemos nada. El nombre más popular de esta esterilización femenina es "ligadura", "ligadura de trompas" o también encontrarás mujeres que dicen que se "ligaron" o "están ligadas". Si te gustan los rótulos más técnicos verás que se le llama a esta operación "salpingoclasia" (*salpingo*=trompa + *clasia*=rotura) o también "salpingectomía" (*ectomía*= cortar), y en ambos casos muchas mujeres intentando ser finas dirán simplemente que se hicieron "la salpingo" o quizás escuches que lo nombran como "oclusión tubárica bilateral" (cierre de los dos tubos) o "cirugía de esterilización femenina". Pero todo es lo mismo, te lo digo nada más para transmitirte vocabulario en este tema y que no te sorprendan o no te enteres de la fiesta.

Esta operación en la mujer es el equivalente a la vasectomía en los hombres (ver "La vasectomía"). En ambos casos pone fin a la fertilidad sin afectar tu respuesta sexual, tu placer, ni tu erotismo.

Es el método de planificación familiar más elegido en las parejas en que la mujer tiene más de 30 años, y ello no quiere decir por fuerza que sea el más indicado. Es bastante seguro para no tener hijos pero fíjate que no lo es tanto como la píldora. Dos de cada cien mujeres esterilizadas salen embarazadas en los diez años siguientes. Sin embargo —toma nota— cuando se realiza esto mismo en el varón con la vasectomía es aún más segura porque sólo se registran menos de un embarazo en su mujer por cada cien intervenciones.

Cómo se realiza la ligadura

Es una operación quirúrgica que se realiza en la mujer para impedir el encuentro entre su célula fértil femenina (óvulo) y la masculina (espermatozoide) depositada en la eyaculación, de modo que no se pueden fecundar al unirse.

Para llevarlo a cabo en el quirófano se seccionan las trompas de la mujer, que son los caminitos por los que bajan y suben ambas células en el cuerpo femenino. Las trompas se encuentran en el interior de su vientre, una a cada lado.

Para llevarlo a cabo a la paciente se le anestesia en primer lugar (general o local), porque hay que intervenir quirúrgicamente en su vientre. Pero por fortuna estas operaciones hoy en día son con un corte mínimo y alta tecnología, no como hace unos años que tenían que rajar toda la pancita.

El cirujano hace una pequeña incisión en el vientre, junto al ombligo, a través de la que introduce una especie de telescopio flexible, estrecho y largo que se llama laparoscopio. Va dotado de luz y a través de él se introduce también el resto del instrumental para llegar a cada una de las trompas que son dos, una a cada lado.

La técnica quirúrgica más frecuente es cortarlas a mitad de su camino y sellar los dos extremos cortados con cauterización, los coagula al quemarlos para que terminen cerrados. Quedan los dos pedazos de cada trompa sellados e impermeables al paso tanto de óvulos que bajen, como de espermatozoides que intenten subir.

Otra técnica quirúrgica diferente corta y amarra cada uno de los extremos de la trompa. Otra más es hacerle a la trompa un pellizco, una especie de "dona" obstruyendo su paso con una banda elástica. Se pueden usar también en las trompas pinzas con resorte, etcétera. El sistema elegido depende del cirujano.

Finalmente existe una moderna técnica que no corta ni liga sino que coloca en las trompas unos tapones. Son los dispositivos intratubáricos. Se trata de elementos en forma espiral que, mediante cirugía, se colocan en el interior de las trompas. Al ser un cuerpo extraño genera una reacción de tejido fibroso y las deja obstruidas. Se revisa al tercer mes para comprobar que quedaron totalmente taponadas. No alterará tu ciclo menstrual, al igual que los otros métodos. Pero no te hagas ilusiones: tampoco es temporal, es irreversible y para siempre porque luego no se pueden extirpar.

De cualquier modo, luego se saca el instrumental y te dan unos pequeños puntos de sutura en la piel que te retirará el doctor en menos de una semana. La cicatriz es prácticamente invisible y mínima.

Pero todas estas intervenciones también se pueden hacer vía vaginal aprovechando el momento de un parto o un aborto, o directamente en el abdomen abierto con motivo de una cesárea o simultanea a cualquier otra cirugía abdominal que te tengan que realizar por diversos motivos, es cuestión de aprovechar el viaje si estabas pensando en ello.

La ligadura de trompas se puede realizar con internamiento en hospital o también de manera ambulatoria, es decir que salgas por tu propio pie y te vayas a casa a descansar. En este último caso precisarás quedarte en observación médica unas cuantas horas tras la intervención, no es como sacar una muela.

Cómo actúa la ligadura

Conviene aclarar que las trompas, la zona que se liga o en la que se interrumpe el paso, son las trompas de Falopio que se encuentran en el vientre de la mujer, y no las trompas de Eustaquio que son para oír y se encuentran al interior del oído en ambos sexos, que quede claro. Pues bien, estas trompas de Falopio femeninas son unos tubitos estrechos que van a cada lado del vientre desde el ovario hasta la matriz, como un pasadizo. Ahí cada mes el ovario expulsa una célula fértil: el óvulo, que espera en la trompa a que algún espermatozoide masculino suba y lo fecunde; una vez fecundado baja el huevito y se anida en la matriz para iniciar la gestación.

Si interrumpimos el camino de las trompas cortándolas, ni el espermatozoide puede subir hasta el óvulo para fecundarlo, ni el óvulo podría bajar a la matriz. De modo que el embarazo es imposible.

Ventajas de la ligadura

Es válido aceptar el consejo médico de esterilizarse (dije consejo no obligación) si eres portadora de alguna enfermedad genética grave y hereditaria que de seguro pasará a tus hijos y convertirá su vida en un calvario, lo mismo si padeces alguna enfermedad que pondría en peligro tu vida con un embarazo.

En caso de pobreza y de no contar con acceso a buenos métodos anticonceptivos temporales, la ligadura definitiva puede salvar la vida de una familia, de los hijos que ya están aquí y precisan comer en vez de repartir más aún la miseria.

Es una buena opción si eres madura y lograste el número de hijos que deseas tener. Pero también si no quieres tener ninguno, no es delito y tienes perfecto derecho siempre y cuando estés informada para que no te arrepientas.

En el caso de mujeres con VIH SIDA se debe informar a la madre que la administración de medicamentos retrovirales durante el embarazo puede evitar que los bebés nazcan contagiados y siempre será una alternativa frente a su esterilización voluntaria.

La ligadura tiene una eficacia muy alta como anticonceptivo, su índice de fallos es escaso.

Proporciona un alivio permanente de las preocupaciones anticonceptivas. Sí, ya puedes hacer el amor tranquilamente sin tener que estar pensando qué me tomo, qué me pego, qué me incrusto o qué me inyecto. Permite tener sexo sin miedo a seguir engendrando cuando no lo deseas. Y es de por vida.

No interfiere en el momento de la relación sexual porque una vez operada no tienes que estar preparando la ceremonia con ningún cuidado. Por tanto, permite también la intimidad y el gozo de manera más espontánea. No afecta tu respuesta sexual ni tu placer, al contrario, lo facilita al quitarte preocupaciones.

Es discreta, sólo tú lo sabes y no tienes que depender de alguien para controlar tu fertilidad, está en tus manos. No es visible ya que la cicatriz es mínima junto al ombligo.

No tiene efectos secundarios como las hormonas. Tus trompas no sirven para otra cosa que para hacer pasar los óvulos, y si no pasan no ocurre absolutamente nada, no hay repercusiones de ningún tipo en tu salud.

No necesita revisión constante porque no afecta a la salud. Ni siquiera precisas hacerte pruebas posteriores de fertilidad como en el caso de la vasectomía.

Requiere una muy corta estancia hospitalaria o ninguna, incluso si te lo hacen de manera ambulatoria (sales caminando).

Tu recuperación es rápida. En una semana estás lista para volver a tu trabajo y a las actividades normales.

Puedes reanudar tu vida sexual en cuanto desaparezcan las molestias, y eso ocurrirá en un plazo máximo de una semana.

Puedes aprovechar para realizarla coincidiendo con un parto, con una cesárea, con lo excepcional de un aborto o incluso en el caso de cualquier otra intervención quirúrgica del abdomen.

Permite planificar tu vida definitivamente cuando decidas que es el momento adecuado.

También podrás dedicar más tiempo a tu persona, a tu trabajo, a tu realización, a tus placeres y a la familia que ya tienes.

Evita abortos provocados en embarazos no deseados al ser una medida bastante segura de esterilización, y con ello evita muchas muertes maternas por realizarlos en malas condiciones además de los traumas psicológicos que conllevan.

No genera ninguno de los efectos secundarios de los anticonceptivos hormonales porque aquí no estás tomando nada, tu cuerpo sigue normalmente funcionando de manera natural aunque estés operada. La ligadura no interfiere con ningún medicamento que puedas estar tomando. La mayoría de las mujeres se recuperan sin problemas de esta intervención.

La ligadura te la realizan gratuitamente en los centros de medicina pública. Puede ser reversible en algunos casos.

Inconvenientes de la ligadura

La ligadura de trompas es un método definitivo, no es para cambiar de idea al rato. Mientras más joven sea la mujer, mayores posibilidades de arrepentimiento.

No es recomendable ligarse las trompas cuando no se tiene la edad suficiente para tomar decisiones definitivas respecto a tu vida. En general es mejor recurrir a ello en la madurez, cuando ya tuviste los hijos que querías tener.

Nunca tomes esta decisión muy joven porque la vida da muchas vueltas. Ten en cuenta que la mujer ahora vive más de 70 años, que se puede ser fértil hasta edades más avanzadas, que puedes divorciarte y querer un hijo de otro hombre, o quedarte viuda, que se te puede morir un hijo, que puede mejorar tu situación económica a mediano y largo plazo, etcétera. Desde luego puede cambiar tu manera de ver la vida, nunca digas: "de este agua no beberé" ¡quién sabe! Te diré incluso que de joven es fácil que no tengas la paciencia que la madurez te da y, lo que hoy no estás dispuesta a hacer, mañana es un deseo inmenso.

Pero sobre todo nunca elijas esta opción porque tu pareja se niega a utilizar otros métodos anticonceptivos: ¡ya estuvo que la mujer siempre sea el chivo expiatorio de la comodidad masculina!

La decisión de ligarse las trompas ha de ser meditada por ti en primer lugar y luego en pareja (si la hay). Tal vez en caso de tener claro que ya no quieres más hijos en tu vida, quizás sea más fácil que él se haga una vasectomía y sea así solidario con lo que sufriste estos años con los embarazos, partos y anticonceptivos, ¿no te parece?

De cualquier modo ha de ser también una decisión informada. Tú no puedes decidir lo que no conoces, sus pros y sus contras, todo. Por ello el doctor tiene la obligación de informarte de manera clara y comprensible (no en griego), y tú debes preguntarle y meditar antes de realizarte la intervención. Deberás saber cómo es el procedimiento quirúrgico y sus implicaciones. Además deberás realizarte un examen médico previo para valorar posibles factores de riesgo en tu salud y soportar en tu caso particular la cirugía y anestesia. Lo correcto es que antes de operarte firmes un documento de consentimiento informado con un testigo.

Pero tu médico debe de informarte al mismo tiempo de otros métodos anticonceptivos disponibles que sean temporales y no definitivos, por si los prefieres.

No soportes presiones o engaño de ninguna clase. Por desgracia hay comunidades donde se esterilizó de esta manera a mujeres indígenas sin su conocimiento (o consentimiento informado que es lo mismo). Todo ello bajo el buen pretexto de que el doctor decidió por su cuenta que ya tenían suficientes hijos y que no podían mantener más. No se vale. Tú y solo tú puedes decidir este asunto, que nadie decida por ti, y si lo hacen es delito y puedes demandarlos.

Aunque la operación fuera ambulatoria, se requieren mínimo 6 horas posteriores en el consultorio para observación y atención médica.

Precisarás analgésicos en caso de dolor en los días sucesivos a la operación.

Puede haber complicaciones médicas y quirúrgicas como en cualquier intervención, reacciones a los medicamentos y problemas respiratorios por la anestesia, sangrado excesivo o infección, repercusiones en las vías urinarias que están cercanas, dolor en el abdomen o tórax y fiebre.

En algunas mujeres hay repercusiones psicológicas, depresión o falta de apetito sexual porque piensan que al no ser fértiles ya no son mujeres. Esto sólo se presenta por falta de información acerca del procedimiento y/o educación sexual llena de prejuicios sobre qué es ser mujer. Se puede aliviar con una terapia psicológica de apoyo y con información clara, completa y veraz, sin mitos.

La operación debe de practicarla un cirujano experimentado. No puedes correr riesgos de que te la realice cualquier médico que no domine esta técnica o, peor aún, un charlatán que te engañe.

Cuando la intervención está mal hecha no se interrumpe totalmente el paso de células fértiles a través de las trompas, hay un cierre incompleto del túnel o incluso se pueden recanalizar espontáneamente. En ese caso es probable que vuelvas a salir embarazada.

El índice de fallos varía de unos estudios a otros. La mayoría dicen que puede fallar en dos de cada 100 mujeres operadas; otros aseguran que sólo falla en una de cada 200.

De cualquier modo si te toca te tocó y tendrás un niño entero, no un tanto por ciento de embarazo. Por ello es fundamental asegurarse de que la operación te la realiza un buen cirujano experto.

En caso de fallar la operación, hay alto riego de que el embarazo que se produzca sea ectópico (fuera de su lugar), es decir extrauterino (fuera del útero). Esto significa que el huevo fecundado no desciende a la matriz sino que crece y crece en la trompa pudiendo reventarla. Es un embarazo de riesgo que debe ser interrumpido médicamente.

En caso de haber utilizado una mala técnica quirúrgica o manos inexpertas, existe también el riesgo de lastimar estructuras u órganos cercanos al utilizar el instrumental del laparoscopio, como podría ser la perforación de intestino. Es muy raro pero conviene saberlo.

Debes de acudir a emergencias para atención médica en caso de que tras operarte presentes más de 38° de fiebre, mareos con desmayo, dolor seguido de vientre, sangre o líquidos que salen por la herida.

La ligadura de trompas no protege contra las infecciones de transmisión sexual ni contra el VIH SIDA. Si tu pareja no es segura, por muy estéril que seas, tendrás que protegerte con condón para evitar infectarte porque puede costarte la vida.

Tus dudas sobre la ligadura

- **Si no sabes quién se debe operar**, si tú o él. Medita previamente a solas y luego en pareja este asunto. Lo lógico sería que tu pareja sea solidaria e intervenga tal vez por primera vez en su vida en el tema de la planificación familiar. Tú ya pasaste por reglas mes tras mes durante muchos años, posiblemente por embarazos y partos, tal vez por abortos. Por hormonas, dispositivos, implantes... Conversa con tu hombre, pero no te garantizo nada porque los conozco. No es culpa de ellos pero sí del machismo en el que hemos crecido. Creen que la mujer nació para el sacrificio y ellos para el gozo. Cualquier idea que sea al revés les cuesta elaborarla, pero se dan casos, cada vez más, de hombres con conciencia y responsabilidad que le entrarán de plano a la vasectomía evitándote la ligadura. De cualquier modo conviene saber que la ligadura de trompas es una operación más complicada y riesgosa que la sencilla vasectomía (ver más adelante "La vasectomía")

- **Si prefieres sacrificarte tú** tal vez sea porque sabes que los hombres sufren mucha paranoia con estos asuntos y lo vas a pagar caro porque se deprimen, porque pierden la erección a causa de sus fantasmas, etcétera. Tú decides.

- **Si te preguntas qué pasa con tus óvulos** porque al tener ligadas las trompas no pasan, no te preocupes, se reabsorben naturalmente en el organismo como tantas otras células que no se utilizan. No te vayas a imaginar que se quedan formando un tapón al no poder bajar, eso no existe.

- **Si te preocupa la convalecencia** te diré que tendrás que evitar el ejercicio vigoroso durante unos días. Ten en cuenta las tareas domésticas y con los hijos la mayoría de las veces lo son. Busca ayuda y compromete a tu pareja en estas labores.

- **Si temes al dolor posterior**, el doctor te proporcionará unos analgésicos orales porque sin duda tendrás algunas molestias.

- **Si quieres reiniciar el sexo** tras la operación. Podrás hacerlo cuando desaparezcan las molestias, más o menos al cabo de una semana.

- **Si quieres estar protegida**, en las ligaduras habituales no necesitas otro método de apoyo para evitar el embarazo. Pero si te hicieron la moderna "obstrucción tubárica" con espirales en las trompas, entonces deberás usar condón durante los tres meses siguientes hasta que el doctor en la revisión compruebe que tus trompas se taponaron totalmente.

- **Si hay riesgo de** SIDA u otras infecciones de transmisión sexual, ninguna ligadura te protege. Si tu pareja no es segura tendrás que utilizar condón por muy estéril que seas, lo cortés no quieta lo caliente.

- **Si no quieres infectarte tras la operación** deberás mantener seco el sitio del corte durante dos días, si se moja podría infectarse. Utiliza una cubierta plástica para bañarte o, si de plano se mojó, retírala, deja secar la herida al aire y pon nuevamente una seca. De cualquier modo es frecuente que el cirujano te de una protección antibiótica tras la operación o incluso desde unos días antes.

- **Si quieres regresar al trabajo** podrás hacerlo en unos pocos días, en cuanto desparezcan las molestias. Máximo en una semana.

- **Si no sabes cuándo acudir a revisión**. Tendrás que acudir con el doctor a quitarte los puntos y revisar la herida entre cinco y siete días después.

- **Si te preguntas por tu regla**, seguirá como siempre aunque te hayas ligado las trompas, no le afecta en absoluto, pero simplemente no saldrás embarazada tengas el sexo que tengas.

- **Si quieres saber de otros métodos de esterilización**, desde luego la ligadura de trompas no es el único. Existe la histerectomía que es extirpar la matriz o útero (*hister*=útero

+ *ectomía*=extirpar). También la ooforectomía (*oofo*=huevo) que consiste en extirparte los ovarios. Implican más tiempo de hospital, más hemorragia, más complicaciones, pero definitivamente te libran del cáncer posible en alguna de esas estructuras y, eso sí, tienen una efectividad absoluta.

- **Si temes daño psicológico** tras operarte. Puede haber depresión, baja autoestima, falta de apetito sexual, etcétera. pero sólo en aquellos casos en que la decisión de esterilizarte no fue totalmente voluntaria sino impuesta por motivos de salud, económicos o por terceros. En estos casos se requiere de apoyo psicológico para superarlo.

- **Si te arrepientes** y decides tener un hijo existe la opción de intentar recanalizar las trompas, aunque no siempre es posible (ver más adelante "Ligadura reversible").

- **Si dudas de la seguridad** te diré que es muy alta pero no es total, y en la ligadura la seguridad de no embarazarte es menor que con la vasectomía (ver apartado anterior "Inconvenientes de la ligadura").

- **Si te preguntas por dónde te operan**, puede ser desde afuera del abdomen, cerca del ombligo o también por vía vaginal.

- **Si combinas la ligadura con otro método** anticonceptivo, bien sea por seguridad total o porque temes contagiarte de alguna enfermedad, utiliza el condón bien manejado (ver capítulo "El condón").

- **Si tu hombre te dice que no te operes** porque él ya se hizo la vasectomía, ten cuidado y compruébalo. Por desgracia no faltan mentirosos que juran ser estériles cuando no lo son, y a la hora que sales embarazada dicen que no es de ellos.

- **Si sales embarazada** por un fallo en la técnica quirúrgica habrás de acudir al ginecólogo de inmediato porque hay posibilidad de un embarazo extrauterino, fuera de su lugar, y puede resultar peligroso. El doctor te ayudará a resolverlo.

- **No confundas los dispositivos intratubáricos** que taponan las trompas y te dejan estéril para siempre con los dispositivos intrauterinos que son temporales y van en la matriz (ver apartado "Dispositivo intrauterino").

La ligadura reversible

Primero hay que aclarar que la ligadura de trompas es un método de esterilización definitivo, no es en principio ni temporal ni reversible, es decir que no hay que contar con arrepentimientos porque para eso están los métodos anticonceptivos temporales y no éste. La ligadura no debe de hacerse pensando en que sea reversible.

Pero también es cierto que la ciencia y la cirugía a veces pueden volver a reconectar las trompas de algunas mujeres que se arrepintieron de esta decisión: porque eran demasiado jóvenes, porque las presionaron, por falta de información sobre otros métodos, porque cambiaron sus circunstancias de vida. Para ellas existe, en algunos casos, la ligadura reversible.

Ésta consiste en volver a operar a la mujer para reconstruir, recanalizar, volver a unir las trompas que fueron obstruidas o cortadas en la ligadura anterior, para restablecer la fertilidad y lograr un embarazo.

Ahora, esta operación será más compleja que la anterior, aunque con las modernas técnicas de microcirugía (cirugía al microscopio) y anestesia se puede llevar a cabo en una hora y de manera ambulatoria salir caminando sin internamiento; luego debes reposar una semana, pasada la cual puedes volver a tu vida normal. Hasta hace poco esta intervención requería de internamiento de dos a cinco días y luego más de un mes de recuperación.

Esta operación de hacer reversible la ligadura se conoce como "reanastomosis", "recanalización", "reversibilidad, "reversión tubal" (de los tubos) o "reversión de la ligadura de trompas". Te conviene conocer estos nombres porque luego ya sabes que los doctores no se esfuerzan mucho en ser comprendidos.

No todas las mujeres son aptas para esta reconstrucción ni en todas resultará exitosa. El éxito depende del tipo de ligadura que te hicieron anteriormente, de la longitud de las trompas y de la edad que tengas. Sólo tres de cada cuatro mujeres podrán someterse a esta cirugía de recanalización.

Cuando la ligadura fue hecha con bandas de plástico o utilizando pinzas de resorte en vez de cortarlas, devolverte la fertilidad es más fácil porque no se cortó tejido. Cuanto más joven seas más se facilita, y también cuanto menos tiempo haya pasado entre la ligadura y esta operación, porque con los años los extremos de las trompas se retraen y se hacen fibrosos, como si fuera un callo, para que nos entendamos.

Una vez hecha la recanalización, del 50 al 80 por ciento de las mujeres logra embarazarse. Curiosamente esta operación tiene más éxito que la vasectomía reversible. Cuando el hombre se arrepiente y quiere recanalizarse solamente logran embarazar a su mujer entre el 45 y el 60 por ciento

Pero ¡ojo! Si la ligadura fue hecha colocando un "Dispositivo Intratubárico", es decir, con tapones en las trompas para obstruirlas, entonces es totalmente irreversible, aquí no te pueden devolver la fertilidad porque ya se encalleció todo el tejido fibroso que se forma alrededor (ver "Cómo se realiza la ligadura").

Para siempre...

La vasectomía

Es una pequeña intervención quirúrgica que se realiza en el hombre para eliminar su fertilidad y que ya no embarace a la mujer. Al fin hablaremos en masculino para dirigirnos a los hombres, a "esa mitad olvidada de la planificación familiar", pero conste que muchas mujeres quieren saber todo y más acerca de este método para proponérselo a su pareja.

Es un método anticonceptivo masculino definitivo para que el hombre ya no tenga hijos nunca más, elimina su fertilidad para siempre. En realidad se trata de una esterilización. Es el equivalente a la ligadura de trompas femenina, pero en este caso realizado sobre el cuerpo del varón. No es temporal como un condón o cualquier otro método femenino tipo píldora, inyección o dispositivo.

En realidad, la vasectomía se trata también de una ligadura. Aquí lo que se liga o interrumpe son los conductos deferentes, unos tubitos que van desde los testículos al pene llevando espermatozoides, que son las células fértiles del hombre.

Esta operación se conoce también con nombres más complicados que vasectomía, como por ejemplo: "ligadura de conductos deferentes" o "esterilización masculina". En cualquier caso es una cirugía menor.

Una vez realizada, el hombre tendrá el mismo deseo sexual, la misma potencia y erección, y además eyaculará aparentemente igual pero sin contener células fértiles en su semen, cosa que a simple vista no se nota ya que son de tamaño microscópico. Se dice que el hombre que tiene hecha la vasectomía es como la sacarina: endulza pero no engorda.

Cómo se realiza la vasectomía

Esta intervención se hace bajo anestesia local, tanto en un hospital como en un centro de salud que esté preparado para ello porque es una técnica ambulatoria en la que sales caminando y no requiere de internamiento.

El médico cirujano especialista para llevar a cabo la vasectomía será un urólogo. La intervención no dura más de veinte minutos, y un punto basta para coserla.

El doctor hace una pequeña incisión en la piel de los testículos (escroto) bajo el pene. Desde ahí mismo tiene acceso a los dos conductos deferentes, uno a cada lado. Los corta, liga, cauteriza o coagula rápidamente quedando estos túneles separados e impermeables al paso de espermatozoides.

A continuación se le hace una pequeña sutura a la piel (se cose) y tras un pequeño descanso de una hora de observación puedes ir a tu casa para seguir reposando.

Cuenta con una semana sin ejercicios o esfuerzos intensos. El doctor te proporcionará analgésicos para las pequeñas molestias que puedan aparecer durante esos días. La cicatriz será prácticamente invisible y mínima.

Existe otra técnica quirúrgica que está teniendo mucho éxito en el mundo y también se practica en México: la vasectomía sin bisturí. Es más rápida, menos molesta, causa menos temor a los hombres y menos complicaciones. Pregúntale a tu cirujano acerca de ella porque no a todos los urólogos les agrada y otros prefieren las garantías de la clásica. Opina y discútelo hasta que te convenza, tienes derecho a ello, no te quedes callado.

Cómo actúa la vasectomía

Los testículos del hombre fabrican células fértiles masculinas que son los espermatozoides, "medio hijo" por decirlo de alguna manera ya que son capaces de fertilizar a la mujer y producir un embarazo.

Estos espermatozoides son sólo la parte densa de lo que el hombre eyacula, y como necesitan líquido para navegar caminan desde el testículo a través de los conductos deferentes hasta la vesícula seminal donde se aportará el líquido que tú ves finalmente cuando eyaculas por tu pene.

Al cortar el paso de los conductos deferentes con esta vasectomía estamos impidiendo que al eyacular salgan las células fértiles que venían del testículo hasta la vesícula seminal, así de simple. Pero el eyaculado de ahí en adelante será aparentemente igual, no se puede saber a simple vista si contiene espermatozoides o no porque el líquido es el mismo y las células fértiles no se ven con el ojo humano, necesitarás el microscopio.

Los conductos deferentes son unos tubitos equivalentes a las trompas femeninas en la mujer, sólo que tienen la ventaja de ser mucho más accesibles desde afuera sin tener que entrar dentro del vientre para operarlos.

Ten en cuenta que el hombre fabrica células fértiles (espermatozoides) todo el tiempo de manera continua, y no solamente un óvulo al mes como ocurre en la mujer. Para que te hagas una idea salen un mínimo de 50 millones ¡sí, millones! de espermatozoides por el pene en cada eyaculación. O dicho de otra manera, cuando eres fértil hay más de 21 millones de espermatozoides por cada mililitro de esperma.

Ventajas de la vasectomía

Es un método de planificación familiar ideal para el hombre que está bien seguro de que no quiere tener más hijos y desea protegerse permanentemente contra el embarazo.

El criterio de la OMS (Organización Mundial de la Salud) aconseja que la vasectomía sea para un hombre que: tenga más de 30 años, que haya tenido por lo menos 2 hijos, que sea una decisión conjunta de pareja, y que se someta previamente a una evaluación médica para ver si no hay inconvenientes en su salud. Por añadidura, algo muy sensato: esperar por lo menos dos meses entre la decisión de realizar una vasectomía y la operación. Pero esto es un consejo porque finalmente la vasectomía no se le puede negar a ningún hombre que decida con pleno conocimiento sea por los motivos que fuere, tal vez muy personales y que no coinciden con el criterio de la mayoría.

Además te diré que la vasectomía puede ser idónea cuando el hombre sabe que puede transmitir a sus hijos una grave tara genética hereditaria y por supuesto cuando sabe que corre peligro la vida de su mujer con un nuevo embarazo.

Pero incluso es más importante porque se trata de una forma, de las pocas, en la que el hombre se compromete con la planificación familiar poniendo algo de su parte. Muchas veces la pareja no quiere o no debe tener más hijos y se deja como un asunto exclusivamente femenino. La vasectomía es una gran oportunidad para el hombre de ser solidario y comprometido en un asunto que también lo atañe. Su compañera posiblemente ha sufrido ya con embarazos, partos o cesáreas, crianza y, en el mejor de los casos, con sistemas anticonceptivos que recaen sobre su persona alterando su salud, de una manera u otra, con hormonas o dispositivos. Sería bastante cruel llegar a estas alturas y decirle que ella se opere ligándose las trompas porque el caballero no quiere participar en nada. Por ello es sobre todo una buena forma de solidaridad en pareja cuando se dé el caso.

Ahora mismo muchos hombres maduros y adinerados de Estados Unidos recurren también a esta intervención para evitar problemas legales por demandas de paternidad que siempre aprovecha alguna astuta pensando en el heredero.

La vasectomía no afecta en absoluto al placer del hombre, a su apetito sexual, a sus orgasmos ni a sus erecciones. El mecanismo de la erección del pene es completamente independiente de esta intervención del aparato reproductor, no pasa por ahí ni se altera de manera alguna. No causa impotencia si eso es lo que te preocupa.

Es una esterilización permanente, para siempre. De modo que elimina las preocupaciones y los miedos a la hora de tener sexo con tu pareja, la llamada "angustia de desempeño" porque ésta sí puede generar impotencia por bloqueo psicológico de miedo a embarazar. Tampoco tendrás que estar calculando días ni fechas oportunas, podrás mostrar tu pasión y actividad cuando lo desees.

Es discreta, sólo tú lo sabes. No tienes que interrumpir la escena sexual haciendo maniobras ni teniendo que contar con otra persona para que se cumplan los requisitos. Siempre estás listo para el placer.

No tiene efectos secundarios sobre la salud porque no estás tomando químico alguno. Tampoco interactúa con cualquier medicamento que vayas a necesitar.

Es un método sumamente eficaz y muy seguro como anticonceptivo, casi de 100 por ciento. El riesgo de generar un embarazo tras la vasectomía es menor al uno por ciento, mucho menor que el de la ligadura de trompas.

No implica riesgos importantes porque es una cirugía menor que no conlleva efectos de anestesia general ni de grandes agresiones al organismo, se trata de algo local. No precisa internamiento en hospital.

Puedes reanudar tu vida sexual en una semana, menos aún si el médico lo autoriza, en cinco días, pero con protección de momento.

Esta operación tiene menos riesgos que la ligadura de trompas ya que se trata de un procedimiento quirúrgico mucho más simple.

Es menos costosa que la ligadura de trompas si tienes que hacerlo por tu cuenta en la medicina privada.

Es realizada gratuitamente en la salud pública siempre y cuando cumplas con los requisitos señalados de edad, situación vital, etcétera, y firmes un consentimiento informado.

Se puede realizar en cualquier momento de la vida reproductiva que solicite el hombre, no hay razón para negársela siempre y cuando se le haya informado debidamente del procedimiento, sus consecuencias, riesgos, así como de la existencia de otros métodos anticonceptivos temporales como opción.

Evita abortos provocados en muchas mujeres con el riesgo de muerte y daño psicológico que conllevan. Y los evita porque es un método de planificación familiar seguro y eficaz cuando el caso lo amerite.

Inconvenientes de la vasectomía

El hombre de nuestra cultura es un ser mimado, apapachado y que pocas veces se le molesta por estas cuestiones. Por tanto no está acostumbrado a sufrir en propia carne las responsabilidades de la planificación. Por ello, por desgracia, pesan sobre él una serie de mitos respecto a la vasectomía que la convierte casi en un tabú cultural. Piensan que son menos hombres, que les va a fallar la potencia, que todo lo que tenga que ver con su pene disminuye su hombría, etcétera. Nada de esto es cierto. La potencia sexual sigue exactamente igual y, si falla, es que ya fallaba por otras causas. No se dejen engañar.

No obstante, en el otro extremo, hay hombres que tratan de tomar esta decisión tempranamente y es necesario asesorarles al respecto y frenar este ímpetu. La vida es larga y da muchas vueltas. Tal vez formes una nueva pareja y quieres tener un hijo de otra mujer, por viudez o divorcio. Quizás pueda cambiar repentinamente tu situación económica y tener otro hijo sea motivo de alegría en vez de penuria. Piénsalo dos veces. Vivimos el triple de años que nuestros antepasados, hay mucha vida por delante. De cualquier modo siempre es interesante valorar antes de esta decisión que existen otros métodos anticonceptivos temporales y reversibles.

Nadie debe presionarte ni mucho menos realizarte una vasectomía sin tu pleno consentimiento e información previa, clara, completa y veraz. Se ha dado el caso de muchos médicos que realizaron esta esterilización a hombres de comunidades indígenas sin su conocimiento pensando que les hacían un favor porque ya tenían demasiados hijos, esto es un delito denunciable y amerita indemnización. Que nadie decida por ti. Es por ello que para realizar la operación se debe firmar un documento de consentimiento informado con un testigo, avalado con la huella si es necesario.

Es para siempre, no es temporal ni para arrepentirse luego. Esto puede dar seguridad a algunos pero ser un inconveniente para otros que cambian de idea. Mientras más joven sea el hombre, mayores posibilidades de arrepentimiento.

¡Importantísimo!: tiene una eficacia demorada. No quedas estéril inmediatamente de hacerte la operación como ocurría en el caso de la ligadura de trompas. Aquí tendrás que utilizar el apoyo de un condón durante algún tiempo, de uno a tres meses dependiendo de tu doctor. Esto ocurre porque los conductos que se han ligado todavía tienen que lavarse de la presencia de espermatozoides vivos que quedaron nadando en ellos por encima del corte quirúrgico y en las vesículas seminales que aún pueden salir en el semen y producir un embarazo.

El criterio para saber cuándo ya eres estéril varía de unos especialistas a otros. Lo ideal es que te hagan un recuento de espermatozoides examinando en el laboratorio al microscopio cuántos hay, y bastará para ello con que eyacules en un frasquito y se lo des al doctor, no te asustes que no duele. Esto es lo que se llama un "control de cuantificación de espermatozoides" que tendrán que ir disminuyendo gradualmente de una prueba a otra hasta que no aparezca ninguno si la intervención está bien hecha. También se llama a este procedimiento "espermatoconteo" (conteo de espermatozoides) o bien "espermiograma" cuando mide tanto la cantidad como la calidad de los mismos. Para la sexta semana ya no debe haber espermatozoides en el semen.

Otros doctores consideran que la vasectomía sólo es exitosa tras dos o tres controles de semen sin espermatozoides, para estar más seguros de que no reaparecen por ahí luego de un rato. Pero hay urólogos que simplemente consideran que basta con que pasen 12 semanas (tres meses) tras la operación o 20 eyaculaciones para que estés tranquilo de no embarazar a nadie. Otros más prefieren esperar 25 eyaculaciones. Pregunta a tu doctor cuál es su criterio y discútelo con él si lo deseas para que no estés temeroso o preocupado, tienes derecho a ello.

Aunque esta cirugía es local y se trata de un traumatismo menor, sin embargo no deja de ser una agresión al cuerpo. Por tanto es normal que aparezca hinchazón y moretones en la zona de la intervención, así como dolor e inflamación temporal. Habrás de permanecer en reposo absoluto en tu casa con hielo en la zona durante unas cuatro horas luego de la intervención.

Como en toda cirugía el riesgo de infecciones siempre está presente, por la propia manipulación del cirujano, por contaminación hospitalaria o posterior en casa en el manejo de la herida. El doctor suele dar una protección antibiótica preventiva después, incluso antes de la intervención para evitar esta complicación.

La vasectomía no se debe de realizar como método anticonceptivo temporal, aunque pueda ser reversible en algunos casos (ver más adelante "Vasectomía reversible").

La operación debe de realizarla un cirujano experimentado, no corras riegos acudiendo a cualquier matasanos.

Los investigadores señalan que existe una cierta posibilidad de aumentar el riesgo de cáncer de próstata en hombres que tienen hecha la vasectomía. No significa que te vaya a dar cáncer por ello. Todos los hombres tienen posibilidades de padecerlo con la edad, nada más que aquí parece que estadísticamente se presenta con algo más de frecuencia.

No protege contra el VIH SIDA ni contra las infecciones de transmisión sexual. La vasectomía sólo evita el embarazo. Por tanto, si tú o tu pareja no son seguros de portarlas, entonces de cualquier modo tendrás que utilizar condón en tus encuentros sexuales para no contagiar o contagiarte por muy estéril que seas.

No podrás tener relaciones sexuales durante la semana posterior a la vasectomía para que descanse la herida. Calma tus ansias pensando en cosas no muy calientes.

Aunque es raro, existen casos en que los conductos deferentes que se ligaron en la vasectomía se vuelven a unir espontáneamente, esto ocurre en menos del 1 por ciento de los casos, pero hay que saberlo. Es lo que se llama "reanastomisis espontánea" y puede ocurrir con una intervención incompleta o mal hecha, con lo cual podrás embarazar a una mujer aunque creas que no es posible porque ya te operaste. ¡Ojo! Comprueba este aspecto con el doctor antes decir que el hijo no es tuyo, insultar a tu pareja y pedir el divorcio.

Tus dudas sobre la vasectomía

- **Si temes no eyacular**, te diré que tus eyaculaciones seguirán exactamente iguales ante tus ojos. Seguirás emitiendo líquido seminal que es lo que vemos, nada más que si lo miramos al microscopio no tendrá "bichitos", es decir células fértiles o espermatozoides.

- **Si piensas que eyacularás menos** tras operarte no es cierto. La vasectomía no altera la cantidad de semen. Una eyaculación normal viene a ser entre 1.5 y 5 mililitros, poco menos que una cuchara de te. Esto varía para cualquiera tras un periodo de abstinencia sexual de 48 horas. Pero te diré que los espermatozoides colaboran con menos del 1 por ciento en este volumen, el resto de líquido lo fabrican la próstata y las vesículas seminales y ésas están intactas aunque te hayas operado.

- **Si crees que tu semen está raro**, deja de mirarlo. Posiblemente estás obsesionado. El semen no es para mirarlo, medirlo o hacerle fotos. Antes de operarte no hacías esto y ahora no piensas en otra cosa. Dedícate a gozar sin miedo, que para eso te operaste.

- **Si no sabes cómo convalecer** tras la operación, te conviene reposo, hielo o frío local para evitar la inflamación y toma un analgésico si duele. Puedes incluso ponerte un soporte escrotal (braguero o suspensorio) o incluso un calzón ajustado (no boxer) para que te resulte más cómodo durante esa primera semana y no anden colgando tus heridos cuates.

- **Si quieres reiniciar tu trabajo.** Si se trata de una labor de oficina o sedentaria que no requiere esfuerzo físico podrás hacerlo luego de dos días sin problemas. Si tu trabajo es de esfuerzo corporal deberás esperar una semana. Ya ves que aquí los intelectuales necesitan menos días de baja que lo obreros ¡así es la vida!

- **Si te preocupa dónde quedarán los espermatozoides**, te diré que simplemente el cuerpo los reabsorbe como tantas otras células que resultan inútiles, no tiene mayor problema. Es frecuente la fantasía en algunos hombres de que ahora los espermatozoides que no pueden salir formarán una especie de bola en los testículos y querrán reventarlos al no tener desagüe. Nada en absoluto, se trata simplemente de eso, una fantasía.

- **Si hay riesgo de** SIDA o infecciones de transmisión sexual tendrás que utilizar condón aunque te hayas operado. La vasectomía no protege del contagio, simplemente evita el embarazo.

- **Si combinas la vasectomía con otro método**, bien sea por reforzar la seguridad o para evitar contagios, te recomiendo que sea el condón bien manejado (ver "El condón").

- **Si temes el arrepentimiento**, te diré que ocurre sobre todo en hombres menores de 30 años que son solteros o recién casados, que no tienen hijos varones y se quedaron con el "gusanito", que fueron presionados para tomar esta decisión, que su compañera se opuso a la vasectomía, que tuvieron acceso limitado a otros métodos, que no estaban bien informados o la situación económica no les dejó otra salida.

- **Si quieres recuperar tu fertilidad** volviéndote a operar para recanalizar los conductos, existe una operación que hace la vasectomía reversible pero no siempre se puede. Consulta más adelante el apartado "Vasectomía reversible".

- **Si falla la erección** tras la vasectomía es fácil que estés sufriendo un trauma psicológico porque no tenías muy claras las ideas y eres presa de los mitos. No hay razón física para ello, pero sin duda están presionándote negativamente factores de orden cultural. El mito machista que asocia impotencia a vasectomía es miedo a que virilidad se vincule a los órganos genitales y todo lo que afecte el desempeño sexual. Acude a consejo con el doctor para aclarar tus ideas. No obstante, con el paso de los años no estás libre de padecer impotencia o disfunción eréctil como cualquier otro hombre por otros factores de salud, pero no por culpa de la vasectomía, que quede claro. Si algo así te ocurre, el urólogo dispone hoy en día de tratamientos excelentes para que disfrutes tus erecciones.

La vasectomía reversible

Lo primero que debemos aclarar es que la vasectomía es un método de esterilización definitivo, no es en principio temporal ni reversible, es decir que no hay que contar con arrepentimientos porque para eso están los métodos anticonceptivos temporales y no éste. La vasectomía no debe hacerse pensando en que sea reversible.

Pero también es cierto que la ciencia y la cirugía a veces pueden volver a reconectar las vías fértiles de algunos hombres que se arrepintieron de esta decisión: porque eran demasiado jóvenes, porque les presionaron, por falta de información sobre otros métodos, porque cambiaron sus circunstancias de vida en definitiva. Para ellos existe, en algunos casos, la vasectomía reversible.

Se trata de una segunda cirugía en los hombres que ya se habían hecho la vasectomía y están arrepentidos queriendo engendrar un hijo. Sirve para devolver la fertilidad masculina pero no siempre se puede llevar a cabo con éxito. La intervención se llama "reanastomosis de la vasectomía".

Es una intervención mucho más compleja que la vasectomía: no es igual de fácil cortar que recanalizar los conductos deferentes. Normalmente requiere de microcirugía, es decir una cirugía con visión óptica de microscopio, no a ojo porque se trata de estructuras muy delgaditas con un paso de luz en su interior muy estrecho.

Los resultados van a depender de la técnica inicial que utilizaron al hacer la vasectomía y desde luego de la habilidad del cirujano. En Estados Unidos es muy frecuente que haya doctores exclusivamente especializados en esto y se publicitan en televisión y panorámicos. En México también los tenemos pero más discretos.

En general, el 30 por ciento de las vasectomías son irreversibles y en estos casos no se puede lograr recanalizar los conductos deferentes. Tiene mucho mayor índice de fracaso que la ligadura reversible en las mujeres.

El índice de embarazos que provoca un hombre tras recanalizarse la vasectomía oscila entre el 45 y 60 por ciento de los operados. En la mujer se logra el embarazo entre el 50 y 80 por ciento de los casos tras recanalizar la ligadura de trompas.

Es una operación sensiblemente más cara que la vasectomía y no la encontrarás de manera gratita en la medicina pública porque se sigue considerando un capricho aunque muchas veces no lo sea.

Si un hombre quiere ser padre y falla esta intervención, entonces se puede recurrir a la reproducción asistida. En ella sacarán espermatozoides de sus testículos, que siguen existiendo ahí, nada más que no pasan hasta el pene porque el conducto está cortado. Con ellos fecundarán a su mujer artificialmente (no sexualmente) y el embarazo proseguirá normalmente. Como puedes intuir la cosa se complica y se encarece cada vez más con estos pasos.

Existen hoy en día unos procedimientos modernos para realizar la vasectomía que en vez de ligar los conductos deferentes simplemente se tapan con un material que se expande dentro de ellos como una esponja hasta dejarlos totalmente ocluidos. Pero la ventaja es que este sistema es reversible totalmente y si el hombre quiere recuperar su fertilidad basta con retirarlos, esta es la auténtica "vasectomía reversible". Este sistema no se puede aplicar a las trompas femeninas porque poseen unas vellosidades delicadas para mover el óvulo en su interior que una vez dañadas por el tapón ya no se pueden recuperar. De cualquier modo, hacerse de base una vasectomía que sea reversible implica que ya te operaste medio arrepentido y nada seguro. Si lo que se busca es un método anticonceptivo temporal, es bastante estúpido andarse operando para tapar y destapar, para eso existen otros métodos que puedes ver en este libro.

Cada vez que toque...

El condón masculino

El rey de los métodos anticonceptivos, el más simple, barato, el de menos efectos secundarios, y el único que protege al mismo tiempo frente al embarazo y a las infecciones de transmisión sexual incluido el SIDA. Es de "pago por evento" y desechable, se pone y se quita cada vez que tienes relaciones sexuales.

Es una simple funda para el pene. Parece sencillo pero no lo es porque presenta una gran dificultad: el hombre tiene que ponérselo, y se resiste a ello. En este capítulo hablaremos en masculino (pocas veces podemos hacerlo) para dirigirnos al varón, pero conste que la mujer quiere y debe conocerlo para negociar su uso.

El condón es una funda anatómica para la joya viril hecha de látex que resulta impermeable. Es elástico y se adapta a todos los penes. Es natural y orgánico porque esta sustancia se extrae de la resina de un árbol. Una vez colocado en el miembro masculino impide el intercambio de fluidos entre dos personas, evitando así contagios y embarazo. Esta considerado como un método anticonceptivo de barrera, ya que impide el paso de los espermatozoides masculinos del semen al interior de la vagina.

A pesar de que es el método anticonceptivo más usado en el mundo, muchas personas se dejan llevar por el momento y se olvidan de usarlo. Diariamente suceden cien millones de relaciones sexuales en el mundo; si se usara condón no se contraerían cada día 356 mil infecciones de transmisión sexual, ni habría seis mil contagios de SIDA.

No es infalible, es una medida de seguridad al igual que los cinturones del automóvil, los cascos, las vacunas o cualquier otra medida preventiva. Ninguno de ellos garantiza que no te ocurra un accidente, pero sí protegen. Pues resulta que el condón ofrece protección de un 90 por ciento frente al 40 por ciento del cinturón del carro o incluso el 70 por ciento de eficacia de las vacunas. No por ello dejamos de ponerlas, ¿o prefieres la enfermedad?

En México sólo se usa el condón regularmente en menos del cinco por ciento de todas las relaciones sexuales, cifra absolutamente insuficiente para la prevención. En 1990 se utilizaron aquí entre 45 y 50 millones de condones; hicieron falta más del doble para evitar contagios y embarazos no deseados. En el mundo ese mismo año se utilizaron seis mil millones de condones; hicieron falta trece mil millones.

Al condón también se le llama "preservativo", aunque esta última palabra originalmente se refería a su función como anticonceptivo exclusivamente, evitando aludir a su efecto protector contra enfermedades sexuales. Todo lo contrario ocurre con el rebuscado término de "profiláctico" que sólo habla de cuidarse de infecciones. Misma funda, misma cachucha, mismo condón a fin de cuentas.

La información clara completa y veraz sobre condones no debe estar reservada a la gente con vida sexual activa sino debe ser parte de la educación sexual básica. Una vez que se inician las relaciones sexuales: "para pronto es tarde", dice el refrán mexicano, porque ya se han podido contraer infecciones de transmisión sexual (ITS) o generar embarazos no deseados con sus desastrosas consecuencias sobre el proyecto de vida.

Pero somos conscientes también de que no basta con dar información de los condones ni ofrecerlos a bajo costo si no se hace dentro de una campaña que tome en cuenta todas las resistencias sociales que hay al respecto. El hombre de nuestra cultura es heredero del machismo y no está acostumbrado a responsabilizarse de los cuidados de la sexualidad ni a tener que protagonizar en su cuerpo ni en su mente ninguna variación que no sea el placer y el instinto. Por su parte, la mujer carece de voz y de poder para negociar las condiciones del encuentro sexual. El condón, lleno de bendiciones por su doble protección y por su falta de efectos negativos, ha de ser cosa de dos para incluirlo en la relación sexual, llevarlo, ponerlo, quererlo como un bien y no como enemigo del placer, presumirlo, pedirlo, exigirlo como condición indispensable para vivir una sexualidad inteligente y segura.

La información acerca del condón no promueve la promiscuidad. Al informar a los jóvenes no se incrementa el número de parejas sexuales de una población, tal y como demuestra una investigación hecha en la Unión Americana en 1978 en la que se les envió a cada uno de ellos una promoción con tres condones gratis: no hubo ningún incremento en la actividad sexual de estos sujetos. Tampoco la información hace que se adelante el inicio de las relaciones sexuales, más bien las pospone. Todo esto lo demuestran diecinueve investigaciones internacionales llevadas a cabo por la OMS (Organización Mundial de la Salud).

Cómo utilizar el condón masculino

Lo primero es revisar la fecha de caducidad en el empaque. Los condones tienen una vida media de cinco años en buenas condiciones. Pero para mayor seguridad, porque no sabemos cómo fueron tratados antes de llegar a tus manos, dale una vida de sólo tres años. En unos verás que ponen su fecha de fabricación, dalo por bueno de ahí a tres años. En otros se señala al contrario su fecha de caducidad, entonces quítale dos años (5-2=3 años buenos).

Cada condón viene empacado individualmente. Revisa que el empaque esté seco y no esté pegajoso, a veces se sale el lubricante que trae si está roto. Si es así, recházalo aunque no esté caduco. Tampoco lo aceptes si exteriormente la envoltura aparece dañada, vieja, arrugada, maltratada o con aspecto descolorido porque eso indica que se asoleó.

Para abrir el condón, hazlo a un lado dentro del empaque con ayuda de los dedos, luego rasga con cuidado el envoltorio y evita el contacto con las uñas porque puedes dañarlo. Menos aún utilices los dientes, navajas o tijeras.

El condón tiene forma de cilindro, con un extremo cerrado y otro abierto que termina en un ribete redondeado. Pero viene enrollado. Verás que parece un aro y en su centro tiene una zona que sobresale, es el depósito o reservorio para el semen que deberá quedar en la punta de tu pene, y esto lo tienen la mayoría de los condones. Si no lo tuviera, tendrás que dejar libre un centímetro y medio en la punta del condón al ponértelo.

Tras abrirlo, desenróllalo un poco para ver de qué lado lo tienes que colocar; así evitarás hacer el oso en momentos cruciales. Dije un poco, no lo hagas totalmente porque una vez desenrollado es muy difícil de colocar.

Para colocarlo sujeta el condón por la punta con un pellizco asegurándote de sacarle el aire porque si se hacen bolsas en su interior puede ocasionar luego que se rompa al estallar con la fricción. Ponlo sobre la cabeza (la del pene, no la tuya) y entonces puedes desenrollarlo desde la punta hasta la base de tu miembro erecto. Desenróllalo todo a lo largo del pene presionando con la palma de tu mano, sin burbujas de aire, hasta que el ribete quede lo más cerca posible de tu cuerpo. Es bastante común desenrollarlo de manera incompleta, como que te da flojera a mitad de camino con las prisas, y ello provoca que luego se deslice y se salga. No es sombrero charro, es un pasamontañas completo.

Un buen tip: el condón se coloca a dos manos. Con una detienes la punta y con la otra lo desenrollas por el pene. Se vale que la pareja ayude.

Si no lo puedes desenrollar fácilmente es que está colocado al revés, por la cara equivocada. Deséchalo y utiliza otro nuevo porque ya entró en contacto con el pene y puede tener tanto virus como líquido preeyaculatorio. Pero ahora sí, por favor, hazlo bien porque nos podemos echar así toda la noche.

Si el pene no tiene circuncisión, se debe de bajar el cuerito (prepucio) antes de colocarlo para que no dejes amordazada la salida de semen y te moleste.

Debes colocar el condón una vez que el pene está erecto (paradito) y no antes, porque sería imposible ajustarlo y terminaría saliéndose. Colócalo antes de cualquier penetración en vagina, ano o boca. No sirve decir: primero me meto al natural y luego que me excite me lo pongo, ¡no!, y te diré por qué, no es capricho. El líquido natural de lubricación del pene (preeyaculatorio) puede generar un embarazo o transmitir enfermedades, incluido el SIDA. En este líquido flotan invisiblemente tanto espermatozoides despistados que se colaron como bacterias y virus peligrosos para las mucosas del cuerpo si estás infectado.

También debes de usar un condón nuevo cada vez que hagas una penetración vaginal, anal u oral (en la boca), aunque sea dentro del mismo acto sexual y con la misma pareja. Cambia de condón cada vez que cambies de agujero, puedes contaminar un lugar con otro del cuerpo de tu pareja y provocar enfermedades. Piensa que si hiciste una penetración anal, por ejemplo, lo gérmenes que viven ahí tan contentos en los restos fecales pueden resultar nefastos viajando en tu mismo condón a la vagina o a la boca. Aunque sea el ano, la vagina y la boca de una misma pareja, no seas puerco y cambia de condón o quédate quieto donde entraste sin ser tan viajero.

La maniobra de quitarte el condón es tanto o más importante que la de ponértelo. Después de la eyaculación y con el pene todavía erecto, tienes que sostener el condón por la base del pene y retirarte del agujero en que estuvieras evitando derramar el semen. Sujeta el condón por el anillo para evitar escurrimientos y empuja todo el líquido que contiene hacia la punta al mismo tiempo que lo retiras.

Al sacar el pene verifica que el condón esté intacto para evitar desagradables sorpresas posteriores. Ahora tíralo a la basura porque sólo sirve una vez, nada de reutilizarlo ni aún lavándolo.

Muchos condones vienen ya lubricados. Sea o no sea el caso, siempre puedes comprar en la farmacia un lubricante adicional para tu condón, pero ¡ojo! tendrá que ser lubricante al agua (soluble en agua) y no al aceite porque el condón se rompe (ver más adelante "Inconvenientes del condón masculino").

Aplicar al condón lubricante adicional reduce la posibilidad de que se rompa y además aumenta el placer, acabando con la famosa queja de que "es que no se siente lo mismo". Aplicado el lubricante por dentro (unas gotas en la punta) te dará la misma sensación que el sexo húmedo, y desde luego mucho gustito al deslizarse el pene fluidamente en su interior. Pero también el lubricante extra aplicado por fuera del condón facilitará la entrada a la vagina y más aún al ano que no tiene lubricación propia.

En el uso del condón la práctica hace al maestro. Todo lo que percibes como algo complicado la primera vez, se va convirtiendo en una maniobra automática y hasta lograrás un estilo magistral cuando te familiarices con este método. Por ello, un consejo importante: el condón se aprende a manejar en frío, no en caliente. Es mejor que compres unos cuantos condones para ensayar a solas antes de tu encuentro sexual si no estás habituado a ellos. Ahí tendrás la calma para hacer pruebas con tu "mano amiga" y leer el instructivo con detenimiento, que por cierto viene en una letra muy chiquita. La calentura con tu pareja no es momento de ponerte a ver cómo, cuándo y dónde me lo pongo porque de seguro la fiesta se vendrá abajo. Esto es una cuestión lógica y de sentido común, de la misma manera que si te compras un nuevo equipo de música no comienzas a leer el instructivo por primera vez en plena fiesta, lo haces antes, lo mismo con el condón.

De ahí en adelante puedes implicar a tu pareja en estos ensayos para que se comprometan juntos y se rían de las torpezas que cometerán antes de la gran puesta en escena. Pero fíjate que es interesante incluir el condón en los juegos eróticos en lugar de vivirlo como un estorbo que interrumpe. Por ejemplo, tu pareja puede aprender a ponerlo con la boca, es fácil, y verás como no te quejas, ¿eh?

Un último consejo de uso: lleva varios condones, un mínimo de tres. Al igual que con el perfume (por si me besa, por si me abraza, por si se pasa), por si se rompe, por si lo desenrollas al revés, por si lo rasgas, por si lo pierdes, por si estaba en malas condiciones, por si cambias de agujero, por si repites, por si las moscas. Uno es poco, aunque es mejor que nada, desde luego.

Tipos de condón masculino

En la actualidad existen más de 200 marcas de condones con diferentes gracias y características. Los hay con sabores, olores, colores, relieves para el placer, delgados para la sensibilidad, rudos para el trabajo pesado y de medidas especiales. Lo importante es que compruebes previamente en el empaque que sí protegen frente a embarazo e infecciones de transmisión sexual, porque los hay decorativos que divertirán el juego sin proteger nada. Haremos un repaso.

Los condones de látex estándar tienen talla única que sirve para todo el mundo (¡sí mi vida!), con el mismo largo y ancho, son adaptables y elásticos para los diferentes cuerpos. Lo que varía es el grosor del condón para los diferentes usos.

Pero si eres un chico especial no te preocupes. Para las excepciones también los hay más largos, más estrechos y más anchos. Fíjate que un pene grueso no tiene demasiado problema porque el condón se adaptará, pero un pene delgadito lo perderá. Por ello en Asia es habitual encontrar condones más estrechos que en Europa y América que se adaptan a los penes orientales con mejor ajuste. De la misma manera, en aquellos lugares donde prevalece la raza negra ha sido necesario fabricar condones más largos y anchos dada su dotación corporal.

A la hora de elegir un condón es importante saber si lo quieres para sexo oral, anal o vaginal entre otras cosas. Si eres un "milusos" tendrás que llevar tu maletín con el surtido completo. Para el sexo vaginal sirven los estándar. Para la penetración anal deben de ser más gruesos porque al ser una zona de mayor tracción (por ser más chiquito el ano y de complicada penetración) se pueden romper más fácilmente. Para el sexo oral sirven muchos de fantasía que tal vez no te protejan frente al embarazo ni de enfermedades contagiables por otras penetraciones.

Hay condones que vienen bañados en espermicida (espermaticida), una sustancia que mata los espermatozoides por si se rompiera para reforzar su seguridad, además de atacar bacterias y virus. Esta sustancia es el Nonoxynol-9. Ahora se sabe que resulta irritante para la mucosa vaginal con lo cual, en vez de protegerla, la deja sensible para adquirir mayores infecciones de repetición. Por eso no te los recomiendo.

Hay condones con sabores: fresa, chocolate, mango, melón, manzana, piña, papaya, etcétera, (creo que con sabor a ajo y cebolla aún no se fabrican, tampoco con sabor a chile). Sirven para disfrutar el sexo oral en tu —o su— boquita sin tener que chupar látex. Pero vigila siempre las indicaciones de su empaque porque muchos de ellos no sirven para otras penetraciones porque no protegen frente al embarazo ni el contagio de enfermedades.

Cuando el empaque de un condón indique que es "clásico" significa que tiene el tamaño de talla única, que es de látex natural y sin relieves ni fantasías.

Cuando el empaque de un condón indique que es "sensitivo" o "ultrasensitivo" implica que es más delgado. Da más sensibilidad al pene pero también es más frágil y puede romperse con mayor facilidad. Por ello jamás los uses para una penetración anal, no sirven; aquí, cuanto más gruesos, mejor. De cualquier modo yo aconsejo que no seas tan delicado, que vas a sentir rico de todas maneras, y que evites los muy delgados como media que se rasgan casi con la mirada, no corras riesgos "jarrito de Tlaquepaque" (delicado y corriente para los que no lo sepan).

Cuando el empaque de un condón indica "extra fuerte" significa que es más grueso de lo normal y que resiste adecuadamente el coito anal. Comprende que es una indicación discreta, no te van a poner fotos dando la espalda en la publicidad. De cualquier modo tampoco creas que es exclusivo de homosexuales, muchas parejas heterosexuales practican el coito anal y el ano tiene las mismas funciones en todos los seres humanos, no hay diferencia seas hombre o mujer.

Cuando el empaque de un condón indica que es "texturizado" significa que tiene relieve para dar más placer con mayores zonas de roce entre ambos cuerpos. Los hay con relieves en forma de anillos, botones o mezclas de ambos.

Cuando el empaque de un condón indica que es "campana" o "cometa" significa que es más ancho en la punta para los penes con el glande amplio, los penes cabezones, los yucatecos (¡es broma!)

Si el empaque de un condón indica que es "anatómico" significa que imita el contorno natural del pene adaptándose perfectamente a su forma. De hecho todos los condones se adaptan, pero estos además llevan una especie de horma como si fuera un zapato hecho a medida (pero para el pene, claro, no te lo vayas a poner en el pie).

Cuando el empaque de un condón indica que es "mutante" significa que se trata de diseños no habituales, para penes especiales o prácticas especiales. Todo un mundo de penes variados, versiones y perversiones.

Existen condones térmicos que permiten pasar el calor corporal a través de ellos para no sentir frío y procurar mayor sensación de intimidad. Aunque no lo creas, hay hombres "friolentos" hasta en el pene, y se sienten más a gusto con el abriguito. Imagino que tendrán que hacer el amor también con calcetines.

Hay condones fosforescentes que se recargan bajo la lámpara y luego brillan en la oscuridad para hacer la velada más divertida. Te la pasarás genial persiguiendo al enanito por todo el cuarto con la luz apagada.

Hay condones muy nacos que tocan música cuando eyaculas. Además, las piezas musicales no se parecen a "La cabalgata de las Walkirias" de Wagner. Tienen incorporado un chip que se activa con la humedad de la eyaculación.

Ya para los muy sibaritas del condón te pasaré el chisme. Los condones de tipo *Tiger* (tigre) son extremos, con una combinación muy saturada de texturas y forma anatómica. Los condones de tipo *Rocket* (cohete) poseen una serie de ondulaciones que ajustan más en determinadas zonas del pene. Todos ellos son novedosos en Europa y Asia.

Actualmente se fabrican en el mundo condones con cuatro materiales distintos: látex, poliuretano, intestino de cordero y resina sintética. El de látex es el más común, de una resina natural y protege frente a embarazo y enfermedades, pero no aguanta los lubricantes al aceite. El de poliuretano es de plástico artificial, protege frente a todo igual, no da alergia a nadie, aguanta el lubricante al aceite, pero es más caro y sólo esta disponible en cuarenta países del mundo. Los de intestino de cordero son carísimos, para caprichosos, y sólo protegen del embarazo pero no tienen seguridad frente a las infecciones sexuales. Los de resina sintética (AT) protegen frente a todo pero también son caros y sólo están disponibles en Colombia.

Como ves, hay variedad, y muchos más que no cabrían en esta descripción si queremos evitar un rollo interminable. Pero definitivamente el mejor condón es aquel que después de cumplir los requisitos de calidad y precio, te resulta cómodo a ti, a tu pene y a tu pareja por el tipo de sexo que tienes.

Ventajas del condón masculino

Ya te dije que es el rey de los métodos anticonceptivos. El único que protege al mismo tiempo evitando el embarazo y la mayoría de las infecciones de transmisión sexual incluido el VIH SIDA. Esta virtud no la tiene ningún otro método como la píldora, parche, anillo, inyección, dispositivo, ligadura, vasectomía, etcétera, que sólo evitan el embarazo. Bueno, en honor a la verdad, esa doble virtud sí la tiene la abstinencia sexual que efectivamente protege de embarazo y contagio, pero fuera de ella, el condón y sólo el condón es útil para ambas cosas.

La eficacia del condón masculino para evitar el embarazo en la mujer es del 85 al 97 por ciento de éxitos, y para evitar contagios sexuales del 60 al 80 por ciento dependiendo de su forma de uso, y en estas cifras hay oscilaciones tremendas de los diferentes investigadores. Ten en cuenta que sus fallas son siempre por mal manejo. Si bien no es eficaz al 100 por ciento (como no lo es ningún anticonceptivo) su éxito sí se aproxima mucho a esa cifra si se usa correctamente y en todo acto sexual.

El condón no precisa receta médica, ni acudir al doctor para ver si eres candidato a usarlo (sí lo eres), ni supervisión para que te lo pongas, ni controles médicos. Tú y tu pene a solas, como siempre, como toda la vida.

Es fácil de adquirir y por tanto indicado para los jóvenes que tienen vida sexual. Es prácticamente el único método anticonceptivo disponible ampliamente para los hombres.

Es el método ideal para relaciones esporádicas. También es el método de protección adecuado cuando se tienen o han tenido varias parejas sexuales.

Ofrece muy buena protección a bajo costo y lo encuentras en todos los países. Es económico. El costo promedio de un mexicano que los use habitualmente es de mil pesos en un año, y eso que el mexicano es muy ardiente y los requiere con más frecuencia que otras razas.

Es fácil de transportar. Lo pueden llevar hombres y mujeres consigo en la bolsa delantera del pantalón o falda, en la camisa, bolsa de mano, cajetilla de cigarros, mochila o cangurera, sin problema.

No tiene efectos secundarios sobre tu salud porque no estás tomando hormonas ni tienes que insertar dispositivo alguno dentro de tu cuerpo, es de uso externo, como capa. Por lo mismo no tiene contraindicaciones ni interfiere con medicaciones que estés tomando por cualquier vía.

No duele, salvo que te agarres tú solito algún pellizco si eres torpe y no se te dan los trabajos manuales.

No tienes que estar interrumpiendo el coito sacando el pene en el momento en que más adentro quieres estar porque, además de que no sirve esta maña, trae consigo mucha insatisfacción psicológica (ver más adelante "El coito interrumpido").

Reduce el nivel de ansiedad de las parejas que sufren ante la amenaza potencial de infecciones o embarazos no deseados. Por tanto, permite disfrutar más de la intimidad y de la comunicación erótica a través del placer.

Facilita tener relaciones sexuales en el momento que lo desees, sin tener que depender de fechas o días de calendario que limitan tus encuentros.

Es un método anticonceptivo temporal y reversible totalmente, si quieres encargar un bebé bastará con no ponerte el condón, no te deja estéril ni un solo día por mucho que lo uses durante años.

Permite mayor duración del coito porque al restar un poquito de sensibilidad al pene hará que aguantes, en lugar de ser como casi todos los hombres, un eyaculador precoz.

Evita abortos ya que es un método de planificación familiar efectivo y fiable. Por tanto, disminuye las muertes maternas, así como las vidas truncadas por embarazos no deseados.

Es bastante seguro frente a la rotura. Las pruebas de calidad de los condones incluyen: resistencia a la presión, al volumen, elasticidad, elongación o estiramiento, porosidad e inflado de aire.

Es fácil de desechar. Los condones de látex son biodegradables (se deshacen naturalmente) debido a que proceden de una sustancia orgánica, no contaminan ni siquiera la basura.

Pero si ya no hablamos de embarazo sino de infecciones, salud y contagios, te diré que la ventaja del condón es aún mayor porque disminuye la exposición del cuerpo a bacterias y virus que haya en las secreciones o lesiones de la pareja. Más de veinte agentes contagiosos por vía sexual que se pueden evitar con condón: once bacterias, seis virus, tres protozoarios y dos exoparásitos. Las mujeres cuyos compañeros utilizan condón presentan un 30 por ciento menos de riesgos de infertilidad provocada por infecciones de transmisión sexual.

El condón protege frente al contagio de enfermedades tan importantes como: sífilis, gonorrea, clamidia, verrugas genitales del pene o la vagina, tricomonas, micoplasmas, citomegalovirus, hepatitis B, etcétera. Evita la transmisión del herpes simple y del virus del papiloma humano (VPH) cuando las lesiones están en el área del condón. Por ello también evita para las mujeres ciertos cambios precancerosos en las células del cuello uterino.

El condón correctamente utilizado evita el contagio del virus del SIDA (VIH) por vía sexual, lo mismo que el del virus de la Hepatitis B. Que no te cuenten historias (ver más adelante "Tus dudas con el condón masculino").

Pero no sólo pienses en ti, piensa en ella por un momento. Con algo tan sencillo como ponerte un condón estás evitando que tenga que tomar hormonas todos los días del año en forma de píldora, parche, inyección o que deba incrustarse un dispositivo dentro de la matriz. Utilizando condón estás compartiendo la aventura del placer y la responsabilidad de una vida sana y sin hijos fuera de tiempo, ¿acaso no es todo ello una tremenda posibilidad para demostrar lo hombre que eres?

Te diré aún más, te guste o no. Todas las investigaciones internacionales demuestran que la eficacia del condón es mayor cuando está en manos de la mujer. Confía en ella. Pero sin duda la mujer requiere poder de negociación que parece no tener todavía.

Inconvenientes del condón masculino

El principal inconveniente es el prejuicio cultural de los hombres a intervenir en la prevención y planificación de su sexualidad. Por muy sencillo que sea un condón, por mucho que lo conozcan, no se lo ponen todos ni todas las veces que debieran.

Su eficacia depende del modo de uso que está en tus manos. Por ello, es indispensable aprender a manejarlo correctamente para que cumpla sus cometidos. El condón puede perder sus cualidades por una mala conservación: luz excesiva o calor. No puedes ponerlo al sol ni llevarlo en la guantera del coche. No debes llevarlo en la cartera, en la bolsa trasera del pantalón o falda porque sufrirá apachurres permanentes cada vez que te sientes.

Puede zafarse si no lo desenrollaste totalmente sobre el pene. Además, se rompe de seguro si utilizas lubricantes al aceite o derivados del petróleo porque disuelven el látex, entre los que se cuentan: vaselina o petrolato, manteca, mantequilla, aceites de bebé, cremas para masaje o aceites, cremas de belleza, pomadas, siliconas, etcétera. Si dudas sobre la composición de un lubricante haz primero una prueba extendiendo un condón extra en tu mano, no pruebes en tu pene: si al frotarlo con el lubricante se desgarra es que era con base en aceite. Tendrás que pedir en la farmacia lubricante al agua, con base en agua (*water based*) que no rompe el condón. Solamente en el caso de los condones sintéticos de poliuretano podrás usar los aceites sin inconveniente.

Las roturas de condón se deben a factores diversos como: mala conservación, vencimiento de su caducidad, exposición al calor, aplastamiento del envase, desgarraduras al abrirlo, burbujas de aire al colocarlo, lubricantes al aceite, mala elección de condón, reutilizamiento, perder la erección durante el coito, no retirarlo inmediatamente tras la eyaculación.

La posibilidad de ruptura del condón por mal manejo es del 0.5 por ciento en las relaciones heterosexuales, y del 3.6 al 10.5 en las homosexuales. No es discriminación, es que las prácticas sexuales gays suelen ser de mayor fricción con el condón. Dicho de otra manera: la frecuencia de rompimiento en uso vaginal 0.5 al 3 por ciento y en uso anal 5 al 10 por ciento.

Es inútil usar condón unas veces sí y otras no. Basta con una vez sin protección para producir embarazo, contagiarte o contagiar. El uso del condón no protege si no es sistemático, es decir todas las relaciones sexuales sin olvidar ninguna. No le atribuyas fallas al que utilizas de cuando en cuando o alternativamente, entonces el fallo eres tú y no el condón.

Hay un escaso número de personas alérgicas al látex del condón, precisamente por ser una fibra natural, lo mismo que hay alérgicos al polen y es de las flores. Esta reacción no es peligrosa pero sí molesta. Se pueden usar condones de poliuretano (plástico artificial) que no dan alergia y además permiten cualquier lubricante.

Muchas personas que se creen alérgicas al látex de los condones, en realidad lo son al espermicida Nonoxynol-9 en que vienen bañados. Prueba condones sin esta sustancia.

Si estás utilizando algún medicamento de uso tópico en tus genitales como pomada o loción, consulta a tu medico si es compatible con el uso del condón, porque en general son sustancias grasas las que lo rompen. En todo caso, lava tu pene dejándolo libre de medicamento antes de utilizar el condón.

El condón disminuye en parte la sensibilidad del pene, pero este inconveniente te lo resuelvo de inmediato en el capítulo "Negociación del condón masculino".

El uso de drogas —incluido alcohol— relaja la vigilancia y puede que no te lo pongas porque puede parecerte que no importa, que no va a pasar nada, etcétera.

El condón masculino no protege del contagio de virus de papiloma y de herpes simple que estén fuera del área del condón. Estas lesiones (verrugas o erupciones) a veces se extienden por otras zonas de los genitales que el condón no cubre, tanto en hombres como en mujeres: bordes del ano, perineo, labios de la vulva, pubis, testículos, etcétera.

No protege del contagio de ladillas (*pediculosis pubis*), una especie de piojos que anidan en los vellos del pubis en ambos sexos. El condón no cubre esa zona y basta poner en contacto los cuerpos (o incluso la ropa interior) para que pasen de uno a otro.

El condón puede resultar caro en el marco de una pareja estable con relaciones continuas a lo largo del tiempo.

Para los muy románticos resulta una incomodidad tener que retirar el pene del cuerpo de tu pareja inmediatamente después de la eyaculación, ¡ni modo! Aquí no te puedas quedar dormidito en "el caldito de tu cuerpo". La erección se viene abajo, el condón se zafa, su contenido se vacía dentro de tu pareja, y no sirvió de nada el habértelo puesto.

El condón interfiere en el encuentro erótico si no estamos familiarizados con él porque hay que ponerlo después de la erección y antes de penetrar, es decir, en pleno calentamiento, no puedes llevarlo puesto desde casa, tiene un momento justo, ni antes ni después.

No es recomendable para aquellos hombres que tengan problemas de erección, es decir disfunción eréctil o impotencia aunque sea leve. Y no es porque sea nocivo en sí mismo sino por su forma de manejo. El condón requiere estar muy pendiente de la erección lo que aumenta la ansiedad del hombre, su pánico escénico o "angustia de desempeño" como se le llama en psicología.

A pesar de que el condón se vende en muchos lugares, puede ocurrir que no lo lleves contigo en la cita de tu vida. O peor, que de tanto llevarlos encima se hayan echado a perder si al fin ocurre la cita de tu vida.

Es obvio y visible el empaque si aparece entre tus pertenencias. No temas, presume de ser cuidadoso en vez de descuidado, no es ninguna vergüenza.

Además de los argumentos que expreses para resistirte al condón (ver "Negociación del condón masculino"), puede haber una serie de pensamientos medio inconscientes que te frenan: miedo a que tu pareja se ofenda, miedo a no saber ponértelo, pensar que interfiere en la espontaneidad, miedo a perder la erección, falta de autocontrol, ansia por sentir el otro cuerpo, amor mal entendido, sentir vergüenza de hablar al respecto, pensar que la pareja no parece estar infectada o finalmente estar borracho o drogado y confiarte. Nada de esto es más importante que tu vida, recuérdalo.

Negociación del condón masculino

La relación sexual se llama así porque es entre dos personas, de otro modo no sería relación sino masturbación. Toda relación se puede negociar y ésta también. Pero necesitamos argumentos y tener las ideas claras. Lo pretextos que puede dar un hombre para evitar usar el condón son dignos de escribir un libro aparte. Por ello a continuación te enlistamos una serie de pretextos y las posibles respuestas para rebatirlos y convencer al chavo de que se lo meta en la cabeza, en la de arriba y en la del pene.

- **Quita placer, no se siente lo mismo.** Efectivamente, el condón quita un poquito de sensibilidad al pene, ¡gracias al cielo! La mayoría de los hombres son eyaculadores precoces y no dan tiempo al gozo de la mujer. Gracias al condón puedes hacer más duradero el coito y las mujeres del mundo lo agradecerán porque te convierte en mejor amante. Sólo falta que te pongas un condón que te haga cosquillitas y entonces ya no te dará tiempo ni a decir "voy" porque "vengo".

- **Es que no sirven para protegerse.** Los que menos sirven son los que no te pones. Por lo demás su protección es muy alta (ver "Ventajas del condón"). La seguridad total no nos la da nada, pero menos aún el no usarlo.

- **Es que no me queda.** Sí, mi vida, sí te queda, aunque todos sepamos que eres un prodigio de la naturaleza. Si extendemos un condón enfundando la mano y subiendo por el brazo, llega hasta el codo. Si tienes más longitud o grosor que esto... danos tu teléfono mi rey.

- **Es que me lastima.** Tal vez lo desenrollaste al revés, bruto. Pero es posible que simplemente no estés acostumbrado a utilizarlo, lo mismo que un descalzo cuando usa zapatos por primera vez. Practica, corazón, no seas rústico. Ya sabes lo que dice el refrán: "A quien nunca usó calzones, las costuras le hacen moretones".

- **Es que se me olvidó comprarlos.** Hay farmacias abiertas toda la noche. Pero si lo prefieres, mejor posponemos la cita y otro día vienes preparado. No hay prisa para morirse.

- **Es que no llevo dinero.** Yo pago, no hay problema. O pedimos prestado porque es una buena causa. O mañana lo hacemos si no olvidas la cartera.

- **Es que están caducados.** Yo también amorcito, a esta hora me convierto en calabaza. Mejor mañana me repongo o, ahorita, si compramos nuevos, tú decides.

- **Es que la primera vez no pasa nada.** Ahora resulta que eres ginecólogo. No te hagas, eres un macho caliente y nada más. La primera vez sí pasa. La vagina no tiene cuentakilómetros para saber si tu pene es el primero o el dos mil quinientos veintisiete. Te embarazas y te contagias exactamente igual.

- **Es que sin nada es más natural.** Naturales son los huracanes, los sismos, los tsunamis, los hongos venenosos. Natural es morirte de SIDA. Y finalmente no hay nada más natural en el mundo que tener un hijo, pero no es el momento.

- **Es que pierdo la erección si me lo pongo.** No importa, al rato regresa. Practica solo o en pareja que es bien divertido, verás qué fajecito entre que te lo coloco y te lo ajusto, ¡hasta con la boca podemos hacerlo!

- **¿Por quién me tomas? Yo no estoy infectado.** Yo tampoco, pero te lo pones por eso, para que nunca lo estés.

- **Es que me da pena pedirlo en la farmacia.** Palabras de Magic Johnson en su libro *Tú puedes evitarlo:* "Si no tienes la madurez para comprar un condón, no la tienes para tener una relación sexual."

- **Es que me gustaría tener un hijo tuyo.** Sí mi vida, pero otro día con más calmita.

- **Es que me han dicho que da cáncer.** Sí, cómo no: ¡de mama!

Finalmente, si los argumentos se acaban, tendrás que ser clara y firme con el hombre que se resiste a ponerse el condón y decirle sin más rodeos algo muy simple: "Sin condón no hay penetración." Quizá más sencillo aún: "O te pones el condón o no me acuesto contigo", y te juro que se lo pone porque la calentura puede más que cualquier resistencia ideológica o filosofía de catre, ténlo presente. El encuentro sexual se negocia honestamente entre dos personas. Pospón la cita si tu pareja se niega a usarlo.

Tus dudas sobre el condón masculino

- **Si te dicen que el** SIDA **atraviesa el condón** te están engañando, o diciendo verdades a medias que es lo mismo. Efectivamente el virus del VIH aislado es más pequeño que el poro de un condón. Pero resulta que este virus no vive aislado por su cuenta, no es mosco, no vuela, tiene que navegar en una gota de líquido. No hay gota de líquido que atraviese el condón. Lo mismo sucede con el virus de la Hepatitis B que es más pequeño incluso y tampoco puede atravesar el condón en un medio líquido.

- **Si quieres usarlo en una alberca** te diré que el agua no lo daña, pero vigila que esté bien colocado y ajustado para que no se metan burbujas que hagan que se rompa o se zafe. No hace falta un modelo especial submarino, puede ser el mismo condón que utilizas normalmente y que te resulte cómodo, no ensayes nuevas versiones en esta escena.

- **Si crees que un doble condón te protege más**, no es cierto, es peor. El frote entre ambos puede hacer que se rompan. Es mejor uno solo pero de calidad.

- **Si se te rompe el condón** retira el pene de la vagina y ponte otro nuevo de inmediato. Si ya eyaculaste evalúa los riesgos con tu médico para contagios y/o recurre a la píldora de emergencia para evitar un embarazo (ver "La píldora de emergencia").

- **Si te dicen que lo nota la vagina** júrale a tu chava que no es cierto. La vagina tiene una sensibilidad "grosera", es decir que puede sentir si hay algo adentro o no (y a veces ni eso), pero en verdad no es capaz de percibir por sí misma la diferencia entre tu pene "a pelo " y tu pene con condón. Es mas bien una fantasía, una paranoia, un prejucio. Recuerda que la vagina no tiene terminales nerviosas y su sensibilidad es bastante limitada.

- **Si tuviste una mala experiencia** con un condón, lo más probable es que lo hayas comprado a la ligera y que no haya sido el más adecuado para ti.

- **Si tiras el condón al excusado**, aunque es biodegradable y no atasca, de momento es posible que se regrese de modo que luego todos sabrán tus intimidades. Mejor a la basura envuelto discretamente en papel de baño.

- **Si lo guardas en la guantera del carro** es un lugar nefasto. Con el calor puede perder propiedades y romperse en el momento crucial. Elige un lugar fresco, seco y oscuro. Tanto el calor, como la humedad y la luz los dañan.

- **Si la envoltura está infladita** es correcto, el condón está en buenas condiciones. No pasa como con las latas de conserva que si está hinchadas no sirven. En este caso es un signo positivo y, al contrario, si está seco recházalo.

- **Si usas condón masculino y femenino al tiempo**. No lo hagas porque la fricción entre ambos los rompe. Con uno basta, el que ustedes prefieran.

- **Si buscas condón para sexo oral** te pueden servir los naturales de látex o los de diferentes sabores. Pero algo importante: que no lleven espermicida o Nonoxynol-9 porque además de que en este caso es inútil, se irritará la boca de tu chava.

- **Si temes parecer desconfiado** al usar condón, te diré que es todo lo contrario: eres prudente, te cuidas a ti mismo y a tu pareja. No usarlo es agresivo y desconsiderado.

- **Si tu pareja no tiene cara de estar infectada**, recuerda que los virus no provocan un rótulo en la frente de la persona que los porta, incluso puede no saberlo. El ser "de buena familia" no tiene nada que ver con esto. Si ha tenido otras parejas sexuales, mejor con condón.

- **Si crees que el SIDA sólo lo contagian desconocidas**, te diré que la diferencia entre una persona conocida y una desconocida es que te la presentó tu prima, ¿cambia eso el riesgo? Piénsalo. Más aún: toda persona es desconocida hasta que te la presentan y la llamas conocida.

- **Si tu chava lleva condones en la bolsa** no te ofendas, no es promiscua, es sensata.

- **Si crees que la primera vez pierde magia con condón**, la que buscas es una magia "chafa". Cuidarse y cuidar a tu pareja es lo más romántico del mundo y harás que sea un grato recuerdo sin consecuencias tristes que lo llenen de sombras. El condón puedes integrarlo positivamente a tu primer encuentro si ambos hablan de ello y lo entrenan antes de llegar a la cama.

- **Si quieres sexo seguro** te diré que eso no es sexo con condón, sí, lo lamento. "Sexo seguro" es sin penetrar, las caricias mutuas, la masturbación, el sexo telefónico, por Internet, etcétera. El sexo con condón es "sexo protegido", muy bien protegido pero no te confundas.

- **Si buscas alternativas iguales al condón**, existen, es la abstinencia sexual (nada de sexo) que evita embarazos y contagio, el sexo sin penetración lo mismo, y la fidelidad absoluta y permanente que evita contagios pero no embarazos.

- **Si te preocupan los grupos de riesgo** te diría que mejor pienses en la prácticas de riesgo que pueden ser realizadas por cualquier ser humano independientemente de su orientación sexual.

- **Si tu condón no muestra fecha de caducidad** ni de fabricación en el empaque, deséchalo. Lo barato sale caro.

- **Si el condón se pierde en la vagina**, simplemente (tú, mujer) te agachas en cuclillas y lo sacas con tus dedos, nada se pierde ahí, no es un saco sin fondo, todo toca con pared. Pero ojo, si se vació el contenido de la eyaculación corres riesgo de embarazo o infección. Toma la píldora de emergencia y/o acude a tu médico (ver más adelante "La píldora de emergencia").

- **Si te lo pones sólo para eyacular** y penetras antes sin condón, estás cometiendo un error. Puedes embarazar y/o contagiar y contagiarte desde antes. El condón debe ponerse antes de cualquier penetración, nada de saca y mete.

- **Si lo usas sólo en los días fértiles** de tu mujer estás metiendo la pata, no es seguro hacer esto. Los días fértiles no son tan fáciles de calcular como tú crees, siempre sale mal (ver más adelante "El calendario"). Además si sale embarazada luego dirás que no es tuyo y no se vale. El condón has de utilizarlo siempre y en todas las penetraciones.

- **Si te dicen que el condón no sirve**, responde que el condón que no sirve es el que no se pone; bueno, en realidad tampoco sirve el que se coloca mal. Circulan por ahí tres mitos acerca del condón, tres grandes mentiras: que genera promiscuidad, que el SIDA lo atraviesa, y que causa cáncer cérvico-uterino. Ninguna de estas cosas es cierta.

- **Si haces el amor a oscuras** (tú, mujer) no te fíes de que tu pareja se puso el condón por mucho que te lo jure, toca el pene y compruébalo tú misma porque hay mucho mentiroso. Haz como Santo Tomás: "Ver para creer".

- **Si usas lubricante** al aceite, el condón se romperá inmediatamente porque el látex natural se disuelve con los aceites derivados del petróleo. Si usas lubricante al agua, el condón estará seguro; pero debes saber que con este lubricante en caso de que el sexo dure mucho al rato se harán bolitas, no te asustes, sólo se secó, nada que no pueda solucionar algo de agua o un buen salivazo como se ha hecho toda la vida.

- **Si sales de viaje** y tienes vida sexual activa o posibilidades de tenerla, lleva contigo condones suficientes, no uno. Ten en cuenta que en muchos lugares para vacacionar no los encontrarás por ser pueblitos rústicos, playas salvajes o campamentos libres; aunque ciudades como Guadalajara no correspondan a ninguno de estos paisajes, existen farmacias que se niegan a venderlos, no sé, tal vez tengan acciones en alguna funeraria.

- **Si temes plantearle a tu pareja** que quieres condón, no tengas miedo. Una pareja que no acepte cuidar su salud y la tuya no merece acostarse contigo.

- **Si piensas que tu pareja tiene otra persona** en su vida sexual, no dudes en usar y exigir el condón masculino en tus relaciones, es tu derecho.

Cada vez que toque...

El condón femenino

Es una simple y sencilla funda para la vagina que evita a un tiempo el embarazo y el contagio de la mayoría de las infecciones de transmisión sexual incluyendo el VIH SIDA. Esta doble función sólo la comparte con el condón masculino, ya que todos los demás métodos anticonceptivos evitan exclusivamente el embarazo.

Es relativamente reciente, ya que su creación data de 1977 y fue en Inglaterra, pero es una fecha memorable porque vino a cambiar el concepto de la negociación de seguridad en la mujer para las relaciones sexuales, un importante avance para que ellas decidan, dada la dificultad para convencer a los hombres de que se pongan el condón masculino. En este capítulo hablaremos para las mujeres y para todos los hombres interesados.

Es una funda holgada de plástico, exactamente de poliuretano que es un caucho sintético (artificial). Es mucho más grande que el condón masculino, transparente, blando y resistente. Se coloca dentro de la vagina revistiéndola antes de recibir el pene, de este modo evita que los espermatozoides de la eyaculación suban por el aparato reproductor de la mujer a través de la matriz y fecunden sus óvulos. Está considerado un método anticonceptivo de barrera.

Es un cilindro abierto en uno de sus extremos y cerrado en el otro que va al fondo de la vagina. El más habitual tiene quince centímetros de largo, siete centímetros de ancho y solamente 0.05 milímetros de espesor. Contiene dos anillos flexibles, uno va en el extremo interno y otro en el externo. A continuación te diré para qué sirve cada uno de ellos.

Si una mujer utilizara condón femenino cada vez que un hombre eyacula dentro de ella, necesitaría unos 7000 durante su vida. Pero sin duda hay otros métodos alternativos para que no te arruines.

Cómo utilizar el condón femenino

A la hora de hablar de esto las cosas son muy complicadas porque los genitales de la mujer parecen no tener nombre y confundimos "la velocidad con el tocino". Recientemente se habla de vagina, pero de nada más. Aquí se trata de que nos entendamos para no acabar poniendo el condón femenino en la oreja ¿ok? Pues bien, vayamos por partes y nombremos las cosas con propiedad.

Vagina no es todo lo que tú tienes entre las piernas. Vagina es sólo el orificio de entrada y de ahí para adentro. Los genitales externos de la mujer se llaman en su totalidad vulva, ése es su nombre correcto y auténtico. La vulva tiene el vello del pubis por afuera, los labios mayores, dentro de ellos los labios menores, un botoncito para gozar que es el clítoris, un pequeño orificio que es el meato para orinar, y otro orificio más grande que es la entrada de la vagina. Aclarado esto, de aquí en adelante podremos saber de qué estamos hablando.

A la hora de utilizar un condón femenino, lo primero es revisar la fecha de caducidad en el envase. Tiene una vida media de 5 años. Si está caduco o con mal aspecto en su empaque, recházalo de inmediato.

Para ponerte el condón femenino, lo primero es tener las manos limpias, muy limpias, porque vas a insertar algo al interior de tu vagina. Ahora abre el envase rasgándolo con las yemas de los dedos por la esquinita que viene marcada para ese fin, sin uñas, dientes ni mucho menos tijeras o navajas.

Nada más sacar el condón del envase tienes que frotarlo por la parte de afuera para distribuir el lubricante en que viene impregnado. No tiene aroma ni sabor.

Aquí se trata de que el anillo interno, el de la parte cerrada, quede al fondo de tu vagina taponando la entrada a tu matriz. Verás que este anillo está suelto dentro del condón. La misión que tiene es ayudar a colocarlo al fondo de la vagina como guía y además mantenerlo en su lugar durante el coito o que no se salga cuando camines si te lo colocas con antelación.

El anillo externo en cambio, que está fijo a modo de ribete, quedará recubriendo por fuera tus genitales externos de la vulva. Este anillo tiene por misión evitar que en la penetración el condón se vaya entero para adentro de la vagina y se arrugue perdiendo eficacia y derramando todo.

Para colocarlo dentro de tu vagina hay varias maneras de hacerlo, a gusto del consumidor. Una de ellas es de pie, con las piernas separadas, subiendo uno de tus pies en un banquito de medio metro de altura aproximadamente. La otra posición igual de cómoda es acostada sobre la espalda, con las piernas flexionadas y separadas. También podrás hacerlo sentada con las piernas abiertas o agachada en cuclillas, pero esta última postura es mejor para sacar que para meter porque se empuja hacia afuera.

Esto se hace a dos manos. Con una mano, la más hábil, toma el condón por la parte del anillo interno (el del extremo cerrado) y presiónalo con los dedos pulgar e índice como tratando de cerrarlo hasta que quede la figura de un ocho, y hazlo con firmeza para que no se te resbale en la mano por culpa del lubricante. Con los dedos de la otra mano separa los labios de la vulva abriendo la puerta de tu vagina. Ahora ya puedes insertarlo, hasta el fondo y sin temor, es fácil. No tengas miedo de tu vagina para colocarte el condón, es más fácil de lo que parece si te relajas y ahí adentro nada se puede perder. La maniobra es parecida a colocarte un tampón. Pero eso sí, cuida que tus uñas estén bien limadas, sin esquinitas, porque al introducir el dedo en la vagina puedes rasgarlo.

Pero todavía no acabamos, esto tiene que quedar perfectamente colocado. Ahora mete tu dedo índice por el interior del condón para cerciorarte de que el anillo interno cubre totalmente el fondo de tu vagina; es decir, el cuello de la matriz. Empuja hacia arriba sin miedo. Acomódalo porque no debe quedar torcido. Retira el dedo y verifica que el anillo exterior quede afuera del orificio vaginal, cubriendo totalmente los labios menores y mayores de la vulva. Cuida que este anillo exterior no se tuerza, extiéndelo sobre tus genitales externos con ambas manos.

Al momento de ser penetrada por un pene hay algo muy importante que debes de controlar aquí. Sujeta con los dedos el anillo exterior que te recubre para que el pene entre por el interior del condón, y no por un costadito de afuera como ocurre con las prisas y las proezas masculinas. Guía el pene con tus manos, es ciego, para que lo meta por el sitio correcto, de seguro le encantará a tu chavo este apoyo manual.

Ni se te ocurra colocar el condón femenino sobre el pene de tu chavo y que luego él trate de colocártelo al penetrarte, no es caballito, y de esta manera tan majadera (que la he visto más de una vez) está garantizado el caos. Cariño, deja el circo para otro día.

Al terminar la relación sexual, cuando el hombre saque su pene, puedes retirar el condón. Para hacerlo cómodamente recuéstate, aprieta con tus dedos el anillo exterior retorciéndolo para evitar que se escape el semen que contiene. Jala tan suave o fuerte como te resulte cómodo sacándolo de tu vagina y evitando cualquier derrame. Ahora ya puedes tirarlo a la basura.

No lo tires al excusado porque este plástico no es biodegradable (no se deshace) y además de que taponarás el wc regresará delatándote quién sabe dónde.

Si vas a tener otra relación sexual usa un nuevo condón, aunque sea con el mismo chavo y en la misma tardeada.

Ten siempre prevista una cantidad extra de lubricante. Te vendrá muy bien para seguir el juego a placer.

En México, hasta la fecha, no hay mucha variedad de modelos de condón femenino, todos tienen el mismo largo y ancho adaptable a todas las vaginas. En Colombia existe una variedad curiosa: el *Panty Condom,* que está integrado a una pantaleta y está hecho de un nuevo material más delgado y resistente. En Alemania existe el *V Amour* que combina poliuretano y caucho, una especie de híbrido entre condón femenino y capuchón cervical.

Te recomiendo utilizar el condón al menos tres veces antes de decidir si te gusta o no. Esto es para que te familiarices con él y no lo juzgues precipitadamente. Ten en cuenta que es un producto novedoso y poco conocido al que no estamos muy acostumbrados.

Está demostrado que las quejas de que resulta muy grande o difícil de insertar disminuyen drásticamente con el uso continuo, no decidas a la primera.

Ventajas del condón femenino

Como protección anticonceptiva su efectividad es del 95 por ciento. Como prevención de VIH SIDA es del 90 por ciento. Claro que todo ello con el uso sistemático y correcto. Protege además de la mayoría de las infecciones de transmisión sexual (ITS) e impide que el virus del papiloma humano (VPH) alcance el cuello de la matriz donde hace desastres cancerosos.

El condón femenino protege del contagio de enfermedades tan importantes como: sífilis, gonorrea, clamidia, verrugas genitales del pene o la vagina, tricomonas, micoplasmas, citomegalovirus, hepatitis B, herpes simple, etcétera.

Pero el condón femenino, además de la vagina, cubre los genitales externos, la vulva de la mujer y la base del pene, cosa que no hacía el condón masculino. Por tanto, lesiones del herpes o verrugas de papiloma que se encuentren en estas zonas externas también están protegidas frente al contagio.

El poliuretano, material del que está hecho, es más resistente que el látex del condón masculino, no causa reacciones alérgicas y permite el uso de lubricantes tanto al agua como al aceite, sin rasgarse, y tanto por fuera como por dentro para dar más placer, incluso espermicidas. También es más resistente a los cambios de temperatura, al calor, la humedad y la luz.

Está en manos de la mujer, puedes decidir sobre su uso sin estar a merced del cuerpo ajeno. Evita negociar con un hombre que se resiste a ponerse un condón masculino. Además no depende de la erección del pene, por tanto no los distrae su viril miembro.

El condón femenino lo puedes llevar siempre contigo en la bolsa, sin correr el riesgo de que tu hombre diga que olvidó los suyos.

No interrumpe la escena sexual porque se puede poner con tiempo de antelación, desde ocho horas antes sin problemas. Así que si tienes una cita lo puedes llevar desde casa colocado, de verdad.

No necesita ser retirado de la vagina inmediatamente después de la eyaculación porque su contenido no se puede derramar dentro. Por tanto permite a la pareja prolongar más el abracito tierno del después.

Procura una sensación corporal muy natural, muy cercana al sexo sin condón, mucho más que el condón masculino, ya que prácticamente no resta sensibilidad al pene ni mucho menos a la vagina.

Puede aumentar las sensaciones orgásmicas en la mujer al entrar en frotación con el clítoris por su anillo externo.

No tiene efectos secundarios ni interactúa con fármacos que estés tomando por cualquier vía. No se ha encontrado que afecte a la flora vaginal ni que cause irritación alguna.

No hay ninguna condición médica que limite su uso.

Es muy útil para hacerle sexo oral a una mujer (caricias con la boca en sus genitales). Se recorta a lo largo y al extenderlo se obtiene una película de poliuretano de tamaño perfecto para cubrir los genitales femeninos y poder trabajar ahí tranquilamente con tu lengüita, conservando toda la sensación y sin miedo al contagio de nada, además de que para este fin puedes ponerle también lubricante del sabor que más te guste.

Es útil también para el "beso negro" o sexo oral en el ano. De la misma manera se recorta a lo largo y queda una película para cubrir la zona a besar sin riesgos. Con el lubricante puedes proceder exactamente igual que en el caso anterior.

Es una muy buena opción también para las mujeres sin pareja estable, porque la decisión y la responsabilidad depende solamente de ellas. Evita muchos problemas de infertilidad producidos por infecciones de transmisión sexual.

Evita abortos ya que es un método de planificación familiar efectivo y fiable. Por tanto disminuye muertes maternas, así como proyectos de vida trastocados por embarazos no deseados.

Es uno de los métodos anticonceptivos y de protección con más futuro en la sexualidad de pareja, pero aún falta conciencia sobre su manejo, abaratar su costo y perfeccionar los diseños.

Inconvenientes del condón femenino

Incomodidad de uso para algunas mujeres. Les resulta molesto llevar algo tan voluminoso insertado en su vagina.

Produce ruidos plásticos durante el coito. Para hacerlos desaparecer basta con añadir lubricante extra.

Es caro. Hasta tres y cuatro veces más que el condón masculino. El gasto anual de una mexicana que los use habitualmente de manera continua es más de tres mil pesos. No resulta muy económico en el marco de una pareja estable con relaciones continuas a lo largo del tiempo.

No es discreto. Se ve, se siente y se oye. Aquí no sirve el disimulo, hay que plantearlo cara a cara. Resulta imposible de utilizar sin el consentimiento masculino.

Es indispensable aprender bien su manejo para que resulte eficaz. Se recomiendan ensayos a solas antes de entrar en acción.

No es recomendable hacerle sexo oral a una mujer que ya tiene puesto en la vagina el condón femenino. Para estas caricias es mejor recortar otro y proceder como te indiqué en el apartado "ventajas del condón femenino".

Muy pocas farmacias en México lo venden. Es necesario armarse de tiempo y paciencia para encontrarlos. Hay farmacias de cadena nacional y tiendas transnacionales que ni siquiera conocen la existencia del condón femenino, lo que es dramático. A veces es mejor recurrir a condonerías (tiendas de condones) o centros comunitarios y de apoyo a la mujer que con frecuencia los tienen subvencionados.

Tus dudas sobre el condón femenino

- **Si usan simultáneamente condón masculino y femenino** es una mala idea. Al actuar juntos se adhieren, se zafan y el resultado es un desastre. Mejor usa sólo uno de ellos, el que más te acomode.

- **Si usas lubricante** ahora sí que puede ser cualquiera: crema, pomadas, aceites o los que compres en la farmacia. Este condón no es de látex como el masculino y no se deshace por las grasas.

- **Si quieres usarlo en penetración anal** no es recomendable, ya que por su forma hay más riesgo de derrame que con el condón masculino. Su diseño es exclusivo para la vagina. Para esta práctica utiliza el condón masculino extra fuerte.

- **Si quieres que él te ayude a colocarlo**. Estupendo, es una manera de involucrarse ambos y empezar desde ahí el juego erótico, te dará mucho placer la mera maniobra. Pero, algo importante: que te coloque el condón femenino con la mano, no con el pene porque el pene es tonto, sirve para lo que sirve pero no para pensar si quedó o no bien colocado. De cualquier modo, antes de que permitas que el hombre te coloque el condón, es major que tú personalmente domines la técnica y que hayas ensayado a solas unas cuantas veces. Un tonto más otro tonto no hacen un listo, hacen un tonto al cuadrado.

- **Si le quitas el anillo interno** para que sea más cómodo, ¿pasa algo? No lo hagas. Si lo quitas, el condón femenino podrá descolocarse durante la penetración y también mientras vas caminando si lo colocaste con anterioridad.

- **Si quieres reutilizarlo**. No te lo recomiendo aunque luzca intacto. Pero también te diré que hay un protocolo de la OMS (Organización Mundial de la Salud) de lavado y desinfección para reutilizarlo en comunidades necesitadas de abasto. De no ser un caso extremo, es mejor que no lo hagas.

- **Si quieres usarlo en el jacuzzi** puedes hacerlo, también en la alberca, la tina o el mar. Pero habrás de ponértelo previamente, no dentro del agua, y tener ya una buena práctica en su manejo. No vayas a hacer novatadas submarinas.

- **Si temes que se rompa**. A pesar de que no hay hasta ahora ningún reporte de rotura de condón femenino mientras se usa, te diré que ningún condón es indestructible, incluido el femenino. Cuídalo.

- **Si buscas máquinas expendedoras** de condones femeninos, no te molestes, no hay en ninguna parte. Sólo existen máquinas de condones masculinos, ¡y de tantas cosas más!

- **Si no sabes en qué momento ponerlo,** debes saber que necesita estar colocado antes de cualquier penetración, no se vale "mete-saca" y luego me lo pongo. El líquido preeyaculatorio del pene (su lubricación natural) puede tener espermatozoides flotando que son capaces de embarazar aun sin que haya eyaculado, y también virus que te cuesten la vida. Pero la ventaja es que el condón femenino puede ponerse hasta con ocho horas de antelación y caminar con él sin que se salga.

- **Si uno de los dos es alérgico al látex** pueden utilizar el condón femenino sin problema, porque es sintético, de poliuretano, y no produce ningún tipo de alergia.

- **Si a tu pareja le enoja el condón femenino**, hay una manera muy fácil de convencerlo: "O te lo pones tú o me lo pongo yo." Y ya puedes empezar a ponértelo.

- **Si temes plantear a tu pareja que usas** condón femenino, no tengas miedo. Un hombre que no acepte cuidar su salud y la tuya no merece acostarse contigo.

- **Si piensas que tu pareja tiene otra persona** en su vida sexual, no dudes en usar el condón femenino en tus relaciones con él, es tu derecho.

- **Si sales de viaje** y tienes vida sexual activa, lleva contigo tus condones femeninos, no se encuentran en cualquier parte.

Cada vez que toque...

El diafragma

Es un tapón de goma que se coloca al fondo de la vagina, encajado a la entrada del cuello de la matriz, para impedir que los espermatozoides del semen masculino puedan pasar y embarazarte. Por supuesto, se lo coloca la mujer, como casi todo, por ello hablaremos en femenino.

Es un método anticonceptivo temporal, que se pone y se quita para cada encuentro sexual. Sin embargo no es desechable, sirve una y otra vez. Es un método de barrera porque hace muralla. Aunque lo hemos incluido aquí en el apartado de "cada vez que toque...", el diafragma tiene la ventaja de que no es de "pago por evento", en realidad es pago por muchos eventos.

Tiene la forma de media esfera, como si fuera media pelota hueca, y es flexible para manipularlo y acomodarlo al fondo de la vagina. Otros tienen forma de disco elástico abombado en el centro y rodeado de una anillo metálico flexible.

Es un método muy antiguo que solucionó muchos problemas anticonceptivos antes del descubrimiento de la píldora. Su antecesor es el "pesario" que las egipcias colocaban dentro de su vagina con heces de cocodrilo y miel.

Hoy en día son muy pocas mujeres las que lo usan porque el mundo de los desechables y las hormonas los hace parecer obsoletos. Sin embargo son vigentes y dan más protección que muchas otras maniobras absurdas que hacemos a la hora del sexo.

El diafragma antes se utilizaba solo. Hoy en día se considera que debe de bañarse en espermicida para que resulte fiable, por si se mueve. Así, se puede contar con una protección de respaldo.

En general hay diafragmas de tres tipos: con resorte de alambre enroscado, con resorte de alambre plano y con resorte angulado. Es cuestión de gustos y acomodos el utilizar uno u otro. Consulta con tu ginecólogo acerca del más adecuado para ti.

Cómo utilizar el diafragma

Después de haber visitado al médico para ver qué tamaño es el adecuado para ti, puedes comprarlo en la farmacia y lo podrás utilizar por dos años. Compra con él una buena cantidad de espermicida en crema o gel que tendrás que añadir a tu diafragma cada vez que lo uses (ver más adelante "los espermicidas").

Para ponértelo conviene que estés a solas y en un lugar tranquilo, el baño por ejemplo. Lo primero: las manos bien limpias, limpísimas, porque vas a manipular algo que entrará en tu vagina. Luego lo impregnas en el espermicida y estará listo para ser colocado. Cuida que no se te resbale de las manos.

Para insertarlo puedes utilizar las mismas posturas que para el condón femenino: de pie con una pierna más alta, sentada, tumbada con las piernas abiertas (ver apartado "Cómo utilizar el condón femenino").

Como tiene los bordes flexibles, apriétalo entre tus dedos para introducirlo. Ahora empuja con firmeza hasta el fondo de tu vagina, hasta tocar pared. Se trata de que quede bien acomodado, con la parte cóncava (hueca) hacia fuera, hacia la entrada de la vagina, taponando el cuello de la matriz.

Después de hacer el amor no puedes retirarlo inmediatamente porque los espermatozoides del semen siguen ahí vivos y podrían colarse en cuanto quitas la barrera. Debes dejarlo quieto en su sitio por un mínimo de ocho horas. Claro está que no te tienes que quedarte en cama con él, puedes hacer tu vida normal con tu secretito adentro.

Pero algo importante. Tampoco podrás dejarlo ahí más de 24 horas porque produce mal olor, puede lastimar, es antihigiénico y empieza a ser peor el remedio que la enfermedad. Cuando lo retires utiliza la misma técnica que para ponértelo. A solas, tranquila, con la postura adecuada e introduciendo tus dedos bien limpios para jalar de él.

A continuación lo lavas profusamente con agua y jabón y una vez seco ya lo puedes volver a guardar en su estuche para la próxima ocasión que lo necesites. Es muy importante la higiene a la hora de guardarlo y evitar que se contamine (por ejemplo, con una toalla usada) porque de otro modo se puede convertir en un criadero de gérmenes.

Ventajas del diafragma

No se siente durante el coito, ni el hombre ni la mujer, por su forma cóncava que se acopla a la entrada de la matriz y ofrece su parte hueca hacia la vagina. Si a alguno de los dos les molesta, es que no tiene el tamaño adecuado o está mal colocado.

Su eficacia anticonceptiva depende de que se use correctamente. Aquí las cifras de los investigadores oscilan mucho, como ocurre con otros anticonceptivos. Unos le dan una eficacia del 85 por ciento, otros del 90 por ciento (o fallos del diez por ciento que es lo mismo), y otros más le conceden entre un 97 y 98 por ciento de éxitos.

Es fácil de usar. Está en manos de la mujer y no depende de su pareja, por lo que evita tener que negociar la protección anticonceptiva.

No tiene efectos colaterales ni secundarios ni se cruza con ninguna medicación que tomes por cualquier vía.

Tiene una vida útil de dos años, es reutilizable durante todo este periodo y por tanto muy rentable.

Se puede colocar desde varias horas antes de la relación sexual y llevarlo puesto a tu cita para no interrumpir el mero momento.

Otorga cierta protección contra algunas infecciones de transmisión sexual (ITS) al hacer de barrera y por el espermicida.

Resulta muy útil para la mujer que tiene relaciones esporádicas y no quiere tomar hormonas permanentemente.

Evita abortos y por tanto muertes maternas y planes de vida truncados porque es un método de planificación familiar eficaz que controla embarazos no deseados.

Inconvenientes del diafragma

Los hay de varios tamaños y tienes que encontrar el que te acomoda con ayuda de tu ginecólogo. Si es demasiado grande para el cuello de tu matriz, entonces lastima y molesta; si es demasiado pequeño no será suficiente para taponar el paso. Esto es como la ropa, hay tallas, pero además hay que probártelo.

Se debe de utilizar una crema o gelatina con espermicida con el diafragma como prevención en caso de que se mueva durante la relación sexual.

Si el espermicida contiene Nonoxynol-9 puede irritar tu vagina de modo que en vez de protegerte te hace más sensible para contraer infecciones de repetición.

Hay que colocarlo antes de cada relación sexual y tienes que dejarlo puesto mínimo ocho horas después, pero nunca más de 24. Como ves, no es para mujeres que no usen reloj.

Debido a la manipulación y a la necesidad absoluta de higiene, si se contamina puede provocar infecciones vaginales y en las vías urinarias.

Requiere entrenamiento para colocarlo bien. No puedes utilizarlo por primera vez en un encuentro amoroso. Tendrás que ensayar a solas con anterioridad, como si se tratara de un estreno teatral.

También requiere cierto conocimiento de tus órganos sexuales porque, si ni siquiera sabes lo que tienes ahí, puedes acabar metiéndolo por el ano y no es para eso hijita.

Para algunas mujeres resulta difícil de usar porque hay que manipular su zona genital interna a la que tal vez no estén acostumbradas o les produzca pánico.

A veces puede repercutir en el erotismo disminuyendo el interés sexual. Colocarlo puede ser inoportuno, poco estético y afectar la excitación. Puede producir también coito doloroso (coitalgia, *algia*=dolor) si es demasiado grande.

Está contraindicado en caso de que tengas alguna infección o herida vaginal. Tendrás primero que tratarlas, resolverlas, y luego podrás usar el diafragma, pero no antes.

Aunque dure dos años, debes de revisarlo con el ginecólogo anualmente. Esto es porque puede que haya modificaciones en tu cuerpo que cambien el tamaño del cuello de la matriz y requieras cambiar de diafragma porque ya no se adapta a ti.

Tendrás que ir a revisión ginecológica para ver si necesitas cambiar de tamaño de diafragma en caso de parto, aborto, cirugía vaginal o de matriz, y si lo has utilizado por más de un año. También deberás revisar si su tamaño se adapta en caso de que hayas subido o bajado de peso corporal alrededor de cuatro kilos; fíjate que en esto hay investigadores que insisten en revisarlo incluso con variación de más de dos kilos.

Es poco discreto entre tus pertenencias. Peor aún, puede ser confundido con un juguete. No sería la primera vez que llegas a la casa y encuentras a los niños jugando con tu diafragma recién descubierto en un cajón que creías privado.

Tendrás que llevarlo siempre contigo si existe la posibilidad de que tengas sexo en otro lugar diferente a tu domicilio.

No te da una clara protección frente a las infecciones de transmisión sexual como lo hacen el condón masculino y femenino. El efecto del diafragma en este aspecto es relativo y limitado, por tanto no te consideres a salvo totalmente si tu pareja no es segura.

Tus dudas sobre el diafragma

- **Si repites coito en un mismo encuentro.** No hay problema, no tienes que sacar y volver a meter el diafragma. Pero sí tendrás que añadir más espermicida en tu vagina.

- **Si se te cae al manipularlo.** Tendrás que lavarlo y desinfectarlo concienzudamente antes de ponértelo porque puede ser un vehículo de infecciones, de bacterias que se encuentren en el piso y que pueden hacer desastres dentro de tu vagina. No olvides untarlo con espermicida tras lavarlo.

- **Si te dicen que sirve para dos años**, no te confundas. Son dos años de quita y pon en cada coito, no dos años seguidos con el diafragma adentro porque puede quedarse como uña enterrada.

- **Si temes que el espermicida lo dañe.** No te preocupes. El diafragma es de caucho, no es biodegradable (no se deshace).

- **Si no sabes dónde guardarlo,** lo mejor es que utilices su propia cajita para ello. Si la pierdes o se deteriora, busca una caja adecuada, higiénica, con buen cierre, y reviste su interior con unas gasitas estériles que puedes cambiar cada vez que lo guardes.

- **Si sales de viaje** lleva contigo el diafragma. A partir de que lo usas se convierte en una cosa indispensable en tus pertenencias.

- **Si tienes sexo en un jacuzzi** no te recomiendo el diafragma. Tampoco para hacer el amor en la tina, la alberca o el mar. El agua entra en tu vagina y puede mover el diafragma, además, lavará el espermicida dejándolo inactivo. En estos casos mejor usa un buen condón.

- **Si te prestan un diafragma** recházalo. No es como un vestido que se presta entre amigas. El diafragma es un elemento íntimo de uso exclusivamente personal. Además toma en cuenta que hay tamaños para cada persona, los préstamos originan un acarreo de contagios innecesario. De la misma manera tampoco prestes tu diafragma jamás, por generosa que seas, es un mal favor.

El capuchón cervical

Es muy parecido al diafragma pero rígido y más pequeño, de modo que se encaja ajustadamente al cuello de la matriz, al fondo de la vagina. Es por ello que se llama cervical, por el cuello del útero.

Tiene el mismo mecanismo de acción, la misma manera de colocarlo, las mismas ventajas y los mismos inconvenientes que el diafragma (ver "el diafragma"). Es por ello que no hemos hecho un capítulo aparte con el capuchón cervical.

También lo colocas antes de cada relación y lo debes dejar, sin remover, por un mínimo de ocho horas. Pero a la hora de retirarlo sí hay una diferencia. Mientras que el diafragma no puede dejarse colocado por más de 24 horas, este capuchón cervical puede permanecer hasta por 48 horas.

Hay capuchones cervicales de varios tipos. Consulta con tu ginecólogo cuál es el más adecuado para ti.

Cada vez que toque...

La esponja

Es una esponja de poliuretano, es decir, de material plástico sintético, que va impregnada con espermicida. Se coloca al fondo de la vagina taponando el cuello de entrada a la matriz. Es un método anticonceptivo de barrera que impide el encuentro entre espermatozoides masculinos y el óvulo femenino.

En definitiva es una esponja vaginal de "pago por evento", desechable, que se utiliza para cada relación sexual y luego se tira. Es de forma esférica con cinco centímetros de diámetro, con una depresión en un lado que sirve para cubrir el cuello uterino.

Se diría que se trata de un moderno diafragma pero desechable y que además ya tiene incorporado el espermicida.

¡Ojo! Aunque resulte obvio: no se trata de cualquier esponja que tú impregnes en espermicida y te la metas en la vagina. Es una esponja anticonceptiva especial que ya viene fabricada para este fin, envasada individualmente y que se vende en farmacias.

Este método ha sido el *boom* de las recientes décadas para gente moderna, con relaciones esporádicas y cambios frecuentes de pareja. Pero en la actualidad se encuentra en entredicho, lo que se explica más adelante en "Inconvenientes de la esponja".

Cómo utilizar la esponja

Puedes utilizar las mismas técnicas que para colocar el diafragma (ver "El diafragma").

Pero en este caso es más fácil aún.

Lo que sí es exclusivo de la esponja vaginal es que hay que humedecerla con agua antes de colocártela para que se active el espermicida que contiene.

También varía en que tendrás que retirarla de tu vagina en un máximo de seis horas posteriores a la relación sexual.

Ventajas de la esponja

No requiere de tallas ni hay tamaños para las distintas mujeres como en el caso del diafragma. La esponja vaginal es unitalla y sirve para todo el mundo. Por tanto no requerirás de consulta ginecológica previa, ni de receta médica, tampoco de revisiones para ver si se alteró el tamaño de tu cuerpo porque engordes, adelgaces o cualquier otra causa.

No necesitas impregnarla con espermicida porque lo tiene incorporado. Esto facilita tremendamente su uso y manipulación.

No necesitas desinfectarla y guardarla, es desechable. Una nueva cada vez.

Puede insertarse 24 horas antes del coito y mantendrá su efecto. De este modo no interrumpes el encuentro erótico y la puedes llevar puesta desde casa.

Tampoco requiere tiempo de espera tras colocarla para que te proteja frente al embarazo. Ejerce su efecto anticonceptivo desde el primer momento.

No se siente, ni tú ni él notarán que la llevas puesta.

Es fácil de manejar y está en manos de la mujer, de modo que te evita tener que negociar la protección con tu pareja.

No interactúa ni se cruza con ningún medicamento que puedas requerir por cualquier vía.

Es un método muy adecuado para relaciones esporádicas.

Evita abortos y, por tanto, riesgo de muerte en las mujeres, al ser un método anticonceptivo que permite controlar los embarazos no deseados.

Inconvenientes de la esponja

El gran inconveniente es que el espermicida que lleva impregnado es Nonoxynol-9. Esta sustancia ha sido promovida durante todos estos años recientes porque mata los espermatozoides de una manera muy efectiva para evitar el embarazo y además desinfecta de bacterias, incluso de virus. Pero recientemente se ha visto que es tan fuerte que con su uso continuo irrita las paredes vaginales de tal forma que finalmente es contraproducente porque las deja más sensibles para contraer infecciones de repetición incluido el virus del papiloma humano y el VIH SIDA. Es por ello que la esponja vaginal ha caído en desuso a pesar de la moda que disfrutó en todos estos años. Es posible que pronto se lance nuevamente si se logra un espermicida igual de eficaz pero no tan irritante para la mucosa y las paredes vaginales.

La esponja tiene una tasa alta de fracasos, unos por mal manejo, otros porque simplemente te protege en un 85 por ciento, es decir, que aún bien colocada tiene un 15 por ciento de fallos, porcentaje alto comparado con otros métodos anticonceptivos. Este defecto lo comparte con todos los espermicidas locales (ver "Los espermicidas").

La esponja no la encontrarás tan fácilmente en las farmacias mexicanas a no ser que manejen productos de importación. En Estados Unidos está ampliamente difundida y es muy popular.

Resulta cara para una relación sistemática de pareja. Por ello las mujeres que las utilizan para encuentros con amantes casuales, piensan dos veces si el tipo merece la pena para el gasto de la esponjita.

Para algunas mujeres resulta complicado ponerla y retirarla porque no están familiarizadas con el manejo de su cuerpo en rincones íntimos. Otras en general se quejan de que aunque pueden colocársela sin problema, les cuesta retirarla porque ya humedecida y tras la eyaculación no la pueden sujetar para extraerla.

Si no tienes agua a la mano será un problema porque has de humedecerla previamente. Por supuesto que hablamos de agua purificada y no de la llave. O sea, que no te la lleves al desierto.

Puede dar molestias vaginales si se mueve de su sitio.

En algunas mujeres, pocas, puede causar reacción alérgica.

Si se deja por mucho tiempo dentro de la vagina despide olores desagradables, o sea que apesta.

La protección que da frente a infecciones de transmisión sexual es muy leve comparada con los condones, no puedes fiarte en este sentido si tu pareja no es segura.

Está contraindicada si tienes alguna infección o herida vaginal. Tendrás que curarla primero.

Tus dudas sobre la esponja

- **Si se te cae al manipularla** no intentes lavarla y ponértela. Deséchala y utiliza una nueva. Además de que perdería su efecto anticonceptivo te puedes infectar.

- **Si sales de viaje** tendrás que llevar tus esponjas contigo porque las vas a encontrar en poquísimos lugares, tal vez en ninguno si no cruzas el Río Bravo.

- **Si no duermes en casa** o tus encuentros sexuales son imprevisibles, tendrás que llevar la esponja siempre contigo entre tus pertenencias. No es algo que vayas a conseguir en la farmacia de la esquina.

- **Si el empaque luce mal**, desecha la esponja sin lugar a dudas. Lo mismo deberías hacer si caducó.

- **Si tienes sexo en la alberca** no te servirá la esponja vaginal porque se hincha con el agua que entra en la vagina, se desplaza, se sale y sobre todo se limpia de su contenido en espermicida y no te servirá de nada. Lo mismo ocurre en el jacuzzi, tina o el mar.

Cada vez que toque...

Los espermicidas

Son sustancias que se colocan en la vagina antes de cada relación sexual y que matan a los espermatozoides. Por ello se llaman espermicidas o espermaticidas (*cidio*=muerte), del mismo modo que el insecticida mata los insectos. Son para que los utilice la mujer, ¡qué raro!

Liberan sustancias químicas que inmovilizan y matan a los espermatozoides que la mujer recibe en la vagina al eyacular el compañero. Al no haber espermatozoides vivos no puede fecundarse el óvulo femenino y por tanto evitan el embarazo.

Hay espermicidas con presentaciones muy variadas. Unos vienen con forma de tabletas o supositorios, ambos vaginales. Otros se venden en forma de crema, gel, aerosol, spray o espuma. También los hay en forma de jaleas. Otras veces están impregnados en otros artilugios anticonceptivos. Todos ellos son lo mismo.

No te confundas con la palabra "óvulos" que viene del latín (*ovum*=huevo). Tus células fértiles femeninas que fabrica el ovario se llaman así: óvulos. Pero aquí también se le llama "óvulos" a algunas presentaciones de espermicidas que se pueden encontrar en forma de pastillas vaginales con forma de huevo. Que quede claro para que no nos hagamos bolas y comprendamos mal los propósitos.

Otra aclaración más. A los espermicidas también se les llama cremas anticonceptivas. Pero no las confundas con cremas corporales que se ensayan como anticonceptivos a través de la piel (ver "Anticonceptivos del futuro"). Los espermicidas son en todo caso cremas vaginales.

Los espermicidas se pueden utilizar solos en la vagina en un intento de evitar el embarazo. Pero sobre todo se utilizan combinados como refuerzo de seguridad con otros métodos anticonceptivos. Muchos condones vienen ya impregnados en ellos como respaldo por si se rompe (ver "El condón") y en otras ocasiones compras el espermicida aparte y los impregnas. El diafragma y el capuchón cervical han de untarse en ellos para que sean confiables (ver "El diafragma"). La esponja vaginal también viene impregnada en esta sustancia (ver "La esponja").

Cómo utilizar los espermicidas

Tienes que colocarlos en tu vagina ente diez minutos y una hora antes de la penetración para que hagan su efecto y se distribuyan bien o se deshagan. Este tiempo previo depende de cada presentación de espermicida y está señalado en el instructivo, por lo que debes leerlo bien antes de utilizarlo. En general, los "óvulos" vaginales tardarán más tiempo en derretirse que las cremas.

Lávate bien las manos antes de introducir el espermicida en la vagina. Puedes insertarlo profundamente; con la mano o con aplicador, según la presentación. Ya dentro, tendrás que esperar el tiempo indicado en cada caso para que se reparta y cubra el cuello de la matriz.

No podrás lavar tu vagina hasta que pasen entre seis y ocho horas tras el coito, hay que dar tiempo para que las sustancias hagan efecto en el caldillo de esperma, porque de otro modo corres riesgo de embarazo.

Si repites el coito tendrás que volver a ponerte espermicida, aunque sea con el mismo hombre y en la misma velada.

Ventajas de los espermicidas

Es fácil de usar. Basta depositar la pastilla de "óvulo" o la crema en tu vagina. No tienes que ajustar ningún mecanismo.

Es de "pago por evento". Solamente lo utilizas cada vez que vas a tener relaciones sexuales, no precisas llevarlo untado todo el tiempo.

Se consiguen sin receta médica. Por lo mismo, tampoco necesitarás ir a consulta antes de utilizarlo ni a revisiones previas o posteriores para su uso.

Además de funcionar como anticonceptivo, ejerce una función antiséptica y bactericida en la vagina. Es decir que ataca también a muchos gérmenes causantes de infecciones de transmisión sexual. También se ha observado su efecto contra los virus.

Es un buen complemento de otros métodos anticonceptivos de barrera como el condón (masculino y femenino), el diafragma, el capuchón cervical, y es parte fundamental de la esponja vaginal. En todos ellos aumenta su eficacia.

Es útil para relaciones sexuales poco frecuentes.

Evita abortos y por consiguiente muchas muertes maternas al practicarlos, pues se trata de un método anticonceptivo accesible que evita muchos embarazos no deseados.

Inconvenientes de los espermicidas

Tienen bajo rango de seguridad. Además no protegen totalmente porque dependen del buen manejo que se haga de ellos. Su efectividad como anticonceptivo para algunos investigadores es del 90 por ciento cuando se usan combinados, pero la mayoría de los especialistas bajan esta cifra al 80, 75, incluso al 63 por ciento. Cuando se usan solos se considera que en un año, de cada cien mujeres, falla entre seis y 21 de ellas como método para evitar el embarazo.

El problema es que la vagina no tiene adentro el motor de una licuadora para repartir el espermicida uniformemente. Por ello su distribución sobre el cuello de la matriz es muy dudosa. Basta con que se quede la menor esquinita sin cubrir para que se cuelen por ahí miles o millones de espermatozoides, y con uno basta para fecundar el óvulo y producir un embarazo.

Además otro gravísimo inconveniente es que utilizan en su mayoría la sustancia llamado Nonoxynol-9 que resulta muy irritante para la vagina si se utiliza de manera continua, y entonces lo que era una virtud se transforma en un defecto. Efectivamente el Nonoxynol-9 ataca muy bien a los espermatozoides, bacterias y virus; pero al irritar la vagina con su uso continuo la deja más propensa a contraer infecciones de repetición, incluido el virus del papiloma humano y el VIH SIDA. Recientemente se ha visto que, de igual manera, resultan irritantes para el pene si se usan con frecuencia, y lo hacen susceptible de contraer infecciones. Por ello en la actualidad se está cuestionando el uso de esta sustancia y se trabaja para hallar otra con sus mismas propiedades pero menos irritante para la vagina y el pene.

Para colmo, puede haber alergia a los espermicidas en la mucosa vaginal y en el pene, aunque esto es poco frecuente.

Los espermicidas huelen a farmacia desde el momento en que te los pones, la vagina despide un olor característico a desinfectante durante el coito y después de él (hasta 8 horas lo tienes que dejar puesto) por lo que a muchas personas desagrada.

Quitan espontaneidad, porque interfieren en la escena de la relación sexual. Hay que esperar el típico "momentito" entre que te lo pones y que se disuelve adecuadamente. Esto resulta incómodo para muchas parejas. No es para un rapidito desde luego.

Pero, espera, que el problema es doble y se complica. Resulta que tampoco te los puedes poner con mucho tiempo de antelación porque pierden su efecto anticonceptivo.

Son de corta duración. No puedes esperar mucho entre que te lo pones y el coito o la eyaculación, ¡ojo!, que si se pospone tendrás que volver a ponerte espermicida.

Su costo puede resultar no muy accesible para algunas adolescentes. Es más caro incluso si se utiliza en una relación sistemática de pareja.

Están contraindicados si tienes alguna infección vaginal o herida en la zona genital. Tendrás que curarla primero.

Hay mujeres que se quejan de que crea una sensación de humedad excesiva. A algunas les parecen poco aseados porque fluyen a través de la vagina. Desde luego la engrasan y lubrican. Si tú normalmente lubricas poco, puede que te venga bien. Pero si ya lubricas suficiente de manera natural puede resultar un pantano y el pene patina de modo que ya no sabes si lo tienes dentro o fuera.

Usando espermicidas, el hombre no podrá hacerle caricias orales a la mujer en la vagina porque tiene muy mal sabor y sensación desagradable.

Cada vez que hago el idiota...

El coito interrumpido

Consiste en que el hombre eyacule fuera de la mujer después de haberla penetrado, sacando el pene de la vagina justo cuando sienta que llega el orgasmo. De esta manera teóricamente los espermatozoides no entran y se evita el embarazo.

Se le llama también popularmente: "apearse en marcha", "marcha atrás", "meter reversa", "retirarse a tiempo" o como suelen decir absurdamente algunos varones: "Yo controlo, vida mía". Técnicamente se le conoce como *coitus interruptus* para los amantes del latín.

Es el método más antiguo de anticoncepción masculina y aparece en muchas culturas de épocas precientíficas. Cuando el hombre tuvo conciencia de que "eso" que eyaculaba hacía hijos, inventó la maña de no depositar eso mismo. Pero su eficacia es más que dudosa y yo no le llamaría ni siquiera método. Lo malo es que es la práctica más habitual en los jóvenes desinformados, que se resisten a utilizar cualquier barrera como el condón para sus relaciones y, sin embargo, practican esta desastrosa fórmula que embaraza, contagia y además altera emocionalmente el placer del sexo. Pero es pretendidamente un método masculino, y así se lo dicen a sus novias tomando en sus manos la aparente responsabilidad del control y dejándolas a ellas despreocupadas del asunto de momento, ¡buen intento!

En la Biblia se habla de este método de manera confusa. Onán se vio obligado a casarse con la viuda de su hermano mayor que no tenía hijos. Si la embarazaba, el bebé sería el principal heredero de la familia y Onán se quedaría sin nada. De modo que Onán al darse cuenta, penetraba a esta mujer pero luego eyaculaba afuera en el piso, y por ello Dios lo castigó, por derramar el elixir de la vida. De esta historia deriva el mal entendido nombre de "onanismo" para referirse a la masturbación, cuando en realidad Onán fue el inventor digamos del "coito interrumpido" y no del arte manual. Lo que no sabía Onán es que su mujer podía salir embarazada de cualquier modo como verás más adelante.

Hay quienes alegan que no les gustan los químicos ni los artilugios, que esta es una forma natural de cuidarse. Yo diría que es una forma natural de embarazarse.

Ventajas del coito interrumpido

Disponibilidad permanente. No necesitas comprar ni llevar nada encima, es el manejo del propio pene del que no te puedes separar.

No necesitas revisión médica; en todo caso mental, para clorar tus ideas.

Sin costos ni restricciones. Sin supervisiones ni caducidad.

En todo caso, puede ser utilizado como método de respaldo, combinado con otro. Por ejemplo, si se nos rompió el condón y nos damos cuenta a tiempo, no estaría de más eyacular afuera. Lo mismo con olvidos de píldoras, espermicidas y con los llamados "métodos naturales" que fallan muchísimo.

Aunque no me gusta llamar "método" al coito interrumpido, es mejor éste que ninguno. Pero conste que los hay mejores.

Inconvenientes del coito interrumpido

El porcentaje de fracaso es altísimo porque exige un difícil autocontrol, que no es precisamente la virtud de los hombres. El varón tiene una gran dificultad para identificar el momento preciso del orgasmo porque no ha educado su instinto en este sentido.

Con el consumo de alcohol o cualquier otra droga se relaja la vigilancia. Y es fácil que un muchacho que se controlaba con mayor o menor destreza, tras una fiesta pierda el foquito de la alerta y, ¡vaaaaámonos! Hasta la cocina.

Pero hay más motivos de fracaso en esta práctica, el más importante es que los espermatozoides no sólo salen del pene en el momento de la eyaculación, también lo hacen de manera más discreta en el líquido natural de lubricación del pene, esa agüita que emite desde que está erecto, llamada líquido preeyaculatorio. Este líquido atraviesa una buena parte de las mismas vías de los espermatozoides en el cuerpo del hombre y barre todos los que pudieran estar en los ductos. En este líquido previo pueden ir flotando sin que los veamos cientos, miles o millones de espermatozoides, y con uno basta para producir el embarazo. De modo que aunque eyacules fuera, si te metiste antes, hay riesgo de embarazo.

Lo peor del asunto es que los varones que practican este coito interrumpido se creen seguros y dueños del asunto, pero tienen un gran desconocimiento acerca de los mecanismos del cuerpo. De modo que si la chava sale embarazada dirán tan contentos que no es suyo, que seguro se acostó con otro porque él eyaculó siempre afuera. La chava quedará absolutamente perpleja porque puede ser la mujer más fiel del mundo y probablemente creerá que este embarazo es obra del Espíritu Santo, pero saldrá con su "domingo siete" y, para colmo, culpabilizada. El muchacho convencido de su teoría, seguirá haciendo de las suyas con otras chavas y sembrando el mundo de hijos sin responsabilizarse de ellos.

A nivel psicológico el efecto del coito interrumpido es igualmente nefasto. Cuando la pareja ha penetrado, la excitación va aumentando, y con ella el deseo de estar cada vez más dentro del otro, de apretarse y fundirse en un abrazo al llegar al orgasmo. Pues con este método, al momento de culminar hay que interrumpir la excitación de forma brusca, hay que soltar el cuerpo de la pareja y eyacular a solas en un rincón como si te estuvieras masturbando. Realmente esto en vez de venirse es irse. Y provoca una gran insatisfacción emocional, en él, y en ella que se habrá quedado estupefacta y convulsionando a solas.

Como método anticonceptivo sus fallas son tremendas: no es efectivo en el 70 y 80 por ciento de los casos.

Como protección frente a infecciones de transmisión sexual su efectividad es nula.

Otras idioteces anticonceptivas

- **El limón**. Hay personas que creen que el limón sirve para todo y le atribuyen propiedades prodigiosas. Matar piojos untado en la cabeza, lavar los ojos aunque grites, curar úlceras de estómago, etcétera. Pero lo grave es que algunas creen que untándose la vagina con limón después de recibir una eyaculación no van a tener hijos ni infecciones. Si haces esto te diré dos cosas: si tu pareja estaba infectada, ya puedes ir ahorrando para el tratamiento, y en cuanto al efecto anticonceptivo del limón pues... invítame al bautizo.

- **La ducha vaginal**. Lavar la vagina tras recibir le semen del hombre es otra práctica que algunas creen anticonceptiva, ¡sí, cómo no! Los espermatozoides que te embarazan ya fueron inyectados a presión en la vagina en el momento de la eyaculación y suben por el cuello de tu matriz, el útero y las trompas buscando un óvulo. Lo que tú laves de la vagina tras hacer el amor es puro caldito del cuerpo. No sirve absolutamente para nada.

- **Saltar para atrás**. Si quieres saltar, salta: hacia atrás, hacia delante, de lado, baila jarabe tapatío si te apetece. Pero saldrás igual de embarazada que si no bailas.

Hay personas que viven en el presente como si el tiempo se hubiera detenido hace cientos de años y hacen oídos sordos a cualquier tipo de información sobre métodos anticonceptivos. Sin embargo, regalan sus oídos a mitos o sistemas que han demostrado su ineficacia pero que continúan transmitiéndose de "boca a boca" como si se tratara de sabiduría ancestral. No te dejes engañar. Si el limón, los lavados o el saltar sirvieran como métodos anticonceptivos, entonces el resto del mundo seríamos imbéciles de plano, dándole vueltas y más vueltas a descubrimientos hormonales, fundas para el cuerpo o métodos de barrera. La ciencia no da aún con el anticonceptivo perfecto, pero resulta que tu comadre sí; pues dile que lo patente porque se hará millonaria. No seas inocente, tómatelo en serio porque un embarazo puede ser lo más bonito del mundo en el momento adecuado de la vida, de otro modo puede convertirse en tu peor pesadilla. Y de las enfermedades, qué te diré: resulta evidente que debes de proteger a tu pareja y protegerte.

Cada vez que puedas...

Métodos naturales

El concepto de "natural"

Los métodos llamados naturales consisten en la abstinencia de relaciones sexuales (en no tenerlas) durante el período fértil de la mujer cada mes y limitar el sexo a los días considerados infértiles. Por eso se llaman naturales, porque no utilizan químico ni aparato alguno para evitar la concepción. En realidad se trata de abstinencia periódica. También lo llaman "conciencia de fecundidad" o "planificación familiar natural".

Pero mejor expliquemos qué es ovular. En la mayoría de las mujeres el ovario libera una célula fértil (óvulo) alrededor de catorce días antes de la regla siguiente, este fenómeno es la ovulación. Si no es fecundado porque no llegó un espermatozoide masculino a su encuentro, este óvulo sólo sobrevive activo uno o dos días, breve vida la suya. Pero,

¡ojo!, las células masculinas del esperma sobreviven de dos a siete días después del coito. Por lo tanto la fertilización de una mujer no sólo sucederá teniendo sexo en sus días fértiles, sino que puede ocurrir tras un coito que tuvo lugar incluso hasta una semana antes de esa fecha, porque siguen vivos y dispuestos los espermios.

Como puedes ver, los métodos naturales limitan las relaciones a muy pocos días del mes, que son los llamados "días seguros", y las evitan los denominados "días peligrosos". La pareja tendrá que comprobar primero si toca o no toca, independientemente de cómo se sientan en ese momento para expresar su pasión, afectividad y emociones. Yo no sé que tiene de "natural" todo esto pero así lo llaman.

Estos métodos naturales se basan en diferentes cálculos y signos del cuerpo para saber la fecha en que la mujer está ovulando y evitar entonces el sexo. Pero la fecha exacta de la ovulación es impredecible; es decir, no es definitiva. Por muchos cálculos que hagas previamente existen diversos factores externos que pueden adelantar este acontecimiento o retrasarlo, no lo puedes prever ni adivinar.

El estrés, la depresión, la ansiedad, una emoción fuerte ya sea triste o alegre, una sencilla gripe, fiebre, un susto y un disgusto, una sorpresa impactante, cualquier otra enfermedad no prevista y hasta el hecho de viajar (más aún en avión) alteran el momento de la ovulación de una mujer. ¿Has conocido alguna que no tenga este tipo de eventos en su vida?

Estos métodos fallan mucho. Tal vez no importa demasiado si la pareja es estable y está en condiciones afectivas y económicas de recibir a un nuevo hijo. Pero en el caso de los jóvenes es jugar con fuego.

Utilizar los métodos naturales requiere mucha motivación permanente y participación de ambos miembros de la pareja. Si él quiere cuando no se puede o se niega al plan, estaremos en problemas. Si discutieron en pareja, es muy posible que se te quiten las ganas de seguir colaborando. Ten en cuenta que vivirás pendiente de tus ovarios, y tu marido también.

Sólo funcionarán si tienes un compañero deseoso de cooperar, si tu ciclo es regular, constante y continuo, si estás deseosa de invertir tiempo y esfuerzo para aprender, anotar y esperar... si estás preparada para que falle y termines embarazada.

Es inútil intentar estos métodos en mujeres con ciclos irregulares. Tampoco se pueden utilizar tras un parto.

Los métodos naturales no tienen efectos secundarios físicos, pero sí psicológicos. Algo totalmente a su favor es que no cuestan dinero.

Hay quienes gustan utilizar estos sistemas, no para la abstinencia sino para tener relaciones "a pelo" en el periodo infértil (en los días seguros) y luego utilizar un método de barrera (condón por ejemplo) únicamente los días peligrosos o fértiles, se vale pero sabiendo los riesgos de los cálculos, no le eches luego la culpa al condón.

Hay diferentes métodos naturales. Los más utilizados son: el método del ritmo (del calendario o de Ogino), el método de Billings (el moco), la temperatura, el método isotérmico. A continuación presento una descripción detallada de cada uno de ellos.

El método del ritmo

El método del ritmo consiste en evitar las relaciones sexuales durante los días en que calculamos que la mujer es fértil. Y para calcular exactamente esos días peligrosos más vale que hagas primero una licenciatura en matemáticas.

Este método también se conoce como método del calendario (porque no lo vas a soltar de la mano), método de Ogino (nombre de su descubridor) o determinación del periodo fértil.

El método del ritmo intenta predecir simplemente tu periodo fértil, los días peligrosos en que serías más propensa a quedar embarazada para que evites las relaciones sexuales en éstos.

Cómo utilizar el método del ritmo

Se trata de evitar las relaciones sexuales unos días antes de la ovulación y unos días después de la misma. Aquí el secreto es saber cuándo vas a ovular y eso exige una investigación previa de tus ciclos. Comienzan los cálculos.

Lo primero es, que no puedes empezar a utilizarlo hoy mismo. Necesitas llevar un registro exacto de tus ciclos menstruales durante un año seguido antes de iniciar con este método. Ten en cuenta que la ovulación puede variar en cada ciclo y por supuesto de una a otra mujer.

Para calcular el periodo de abstinencia (sin sexo), tendrás que hacer varias operaciones. Primero, restarle dieciocho días al periodo más corto que hayas tenido en ese año entre regla y regla. A continuación réstale once días al periodo más largo que hayas tenido. Por ejemplo, si tus ciclos en el año anterior han oscilado entre 26 y 29 días de regla a regla: 26-18 = 8 y 29-11=18. Tus resultados son ocho y dieciocho, éste es el periodo de abstinencia sexual; es decir, los días peligrosos, de modo que evitarás el encuentro sexual desde el día ocho hasta el dieciocho de cada ciclo, o sea diez días fijos en blanco a dos velas cada mes.

Una aclaración importante: estamos hablando de los días que tú cuentas (uno, dos, tres...) entre una regla y otra, no de la fecha del mes, no te equivoques.

Ni siquiera en esto se ponen de acuerdo los diferentes investigadores a la hora de fijar los días seguros que incluyan los de antes de ovular, por aquello de que el espermatozoide anterior puede seguir vivo. Por ello otros autores dicen que es mejor restar diecinueve días al ciclo más corto de ese año y restar doce al más largo. Pero también los hay que se curan en salud y dicen que mejor restes once días del ciclo más corto y diez del ciclo más largo con lo cual tendrás algo más de margen gozoso.

Recuerda lo mencionado al inicio de este capítulo en "El concepto de natural", que te puedes fertilizar hasta una semana después de haber tenido sexo si de pronto ovulas, porque los espermatozoides están aún vivos, esperando, al acecho, recuerda que son de larga vida. De la misma manera, habrá que esperar dos días más tras tu ovulación (mientras vive el óvulo tuyo) para que sean "días seguros" y de ahí en adelante hasta tu próximo periodo.

Ventajas del método del ritmo

Es natural sin lugar a dudas. No utiliza química ni aparato alguno. No tiene efectos secundarios sobre tu salud, ni contraindicaciones, ni interfiere con otros medicamentos.

No precisa receta médica. No cuesta dinero.

Es temporal y reversible. En el momento que dejes de cumplir con las fechas de abstinencia podrás experimentar tu fertilidad.

Útil para parejas que rechazan otros métodos por su ideología o porque su religión se los prohíbe. No por cuestiones de salud, porque el condón no tiene contraindicaciones.

Evita abortos y muertes maternas al ser un método de planificación familiar que, llevado con sumo cuidado, previene embarazos no deseados.

Inconvenientes del método del ritmo

Es el menos eficaz de todos los métodos llamados naturales, que de por sí ya son poco eficaces. Es poco seguro incluso para las mujeres que tienen ciclos menstruales regulares.

La seguridad anticonceptiva del método del ritmo oscila entre un 30 y 40 por ciento solamente, y esto en el caso de haberlo estudiado un año antes, hacer las cuentas claras y ser muy rigurosos en su aplicación.

Limita las relaciones sexuales a muy pocos días al mes, con grandes periodos de abstinencia que pueden alcanzar casi dos semanas en cada ciclo. Conviene considerar que una pareja en general tiende a tener sexo dependiendo de su ritmo de vida, de su situación emocional, de encuentros, disputas o reconciliaciones, de momentos afectivos especiales, no de si es día seguro o peligroso. Pues aquí no, aquí manda el calendario. Puede ocurrir que tienes la velada más apasionada de tu vida, pues no podrás tener sexo si es día peligroso de tu ciclo. Lo mismo a la inversa, a veces no tendrás ganas los pocos días seguros con que cuentas, y, ¡ni modo!, a esperar otro mes a ver si hay más suerte.

Para colmo, los días prohibidos coincidirán hormonalmente con los momentos en que a la mujer más le apetece el sexo. En cambio, los días seguros puede que no sean en los que más erotizada se encuentra.

El ritmo requiere observación cuidadosa de los ciclos desde un año antes y de ahí en adelante durante todo el tiempo. Tendrás que determinar tu patrón personal de ovulación. No te fíes cuando te digan que a todas las mujeres les funciona evitando tal o cual fecha, no es cierto. Es necesario que calcules tus fechas, no sirven las de la vecina, la amiga o la comadre.

Aquí no puedes improvisar las relaciones sexuales jamás. Todo tiene que estar planeado y previsto con antelación suficiente. Si te vas a casar y quieres utilizar este método, ya puedes empezar a anotar y posponer la boda.

Puede ocurrir que rompas con tu galán y abandones el método harta de tanto cálculo para entrar en un periodo de soltería. Si te enamoras de nuevo tendrás que esperar otro año para sacar cuentas.

Implica mucha educación de los usuarios y una vida ordenadísima, sin excesos. No puedes un día echarte unas copitas de más, relajar la vigilancia y decidir que no importa aunque sea día peligroso.

No resulta fácil que sea respetado por los hombres, acostumbrados más bien a que su instinto es el único calendario que conocen.

Éste es el más engañoso de los métodos naturales, ya que tu ciclo se puede alterar por todas las consideraciones hechas anteriormente en el apartado "El concepto de natural", y por muchas más.

Es inútil utilizar el método del ritmo unas veces sí y otras no, si no cuentas con otro tipo de protección. Acabarás con un embarazo.

Si quieres evitar las infecciones de transmisión sexual tendrás que utilizar condón de cualquier modo. Por muy seguro que sea el día, si tu pareja no es segura, también es seguro que te contagias si no te lo pones.

El método de la temperatura

El método de la temperatura trata, como en todos los demás métodos naturales, de evitar las relaciones sexuales los días que calculamos que la mujer se encuentra fértil, pero esta vez lo vamos a calcular con base en su temperatura corporal.

Es un hecho que la temperatura del cuerpo de la mujer se eleva cuando va a ovular, es decir a soltar una célula fértil (óvulo) en cada ciclo. Esta subida de temperatura es muy sutil, algo menos de un grado centígrado y ocurre debido al efecto termogénico (generador de calor) que tiene la progesterona que circula automáticamente y de manera natural por su sangre en ese momento.

Cómo utilizar el método de la temperatura

La temperatura del cuerpo que se mide se llama basal, es decir de base, con el cuerpo en reposo antes de cualquier actividad diaria. Hablamos a la mujer, por supuesto, no midas la temperatura del hombre porque no nos servirá de nada.

Todas las mañanas, antes de levantarte y antes de iniciar cualquier actividad, tendrás que medir tu temperatura corporal y lo anotarás día tras día. Te aclaro que esto lo has de hacer antes incluso de comer o beber cualquier cosa y después de haber dormido por lo menos cinco horas continuas. Lo harás siempre a la misma hora.

Se puede hacer con un termómetro clásico vía rectal, vaginal, oral o en la axila pero siempre por la misma vía que decidirás desde el principio. No puedes tomar un día la temperatura en la boca y otro en la axila porque varían las mediciones. También hay termómetros de diseño especial con sólo tres grados de fluctuación para hacerlo más sencillo.

Tendrás que evitar las relaciones sexuales desde el comienzo de la menstruación hasta 72 horas después del aumento de la temperatura basal de tu cuerpo (días peligrosos). De ahí en adelante ya serán días seguros (de no embarazarte) hasta que llegue tu siguiente regla.

Con este método no se puede tener sexo en ningún momento antes de la ovulación ya que la temperatura basal no puede predecir cuándo va a suceder, sólo detecta inmediatamente antes de que ocurra (máximo dos días antes). Recuerda que si tenemos espermatozoides anteriores depositados en el cuerpo de la mujer nos la pueden jugar incluso sobreviviendo una semana después. Además, tendrás que esperar tres días posteriores sin relaciones sexuales para asegurar que el óvulo no pueda ser fecundado.

Ventajas del método de la temperatura

Las mismas que con el ritmo (ver "Ventajas del método del ritmo").

Inconvenientes del método de la temperatura

Tiene muy baja seguridad anticonceptiva, solamente entre el 30 y 40 por ciento de éxitos, y esto cuando es bien utilizado el método.

La temperatura corporal puede variar por muchos otros motivos y confundir la fecha de la ovulación. Se alterará si sufres de pronto una gripe con algo de fiebre o cualquier proceso infeccioso con calentura. Pero no sólo esto, porque la variación es tan leve que también se altera por todos los factores emocionales descritos al inicio de este capítulo (ver "El concepto de natural").

Exige un registro estricto de la temperatura de todos y cada uno de los días del mes para observar tus oscilaciones personales. No sirve un criterio único que te indique que cuando sea tal temperatura ya estás ovulando, es personal.

Tendrás que ser muy estricta en tus costumbres. Al despertar tener ya listo el termómetro en tu buró y tomarte la temperatura antes de levantarte, ni siquiera al baño, antes de desayunar, ni un juguito o vaso de agua, antes incluso de echar un "mañanero" si se tercia. Y siempre a la misma hora, de modo que si tuviste fiesta la noche anterior y te desmañanas, pues ya estamos en problemas ese mes con el método.

El aumento de temperatura que detecta que ya entraste en periodo fértil puede ser muy leve, muy sutil, casi imperceptible. En general, te decimos que es menor de un grado centígrado, pero en algunas mujeres puede ser apenas una elevación de 0.2 a 0.4 grados (de dos a cuatro décimas) nada más. Espero que tu termómetro tenga los numeritos grandes y las rayitas de las décimas bien precisas, no es para cegatas.

Tendrás que hacer este registro desde unos meses antes para detectar cuándo es tu subida específica que se repite, sistemáticamente, mes tras mes.

Con el método de la temperatura sólo queda de periodo infértil diez días seguros para tener sexo sin preocuparte, comprendidos entre los tres días de espera desde que subió la temperatura y la aparición de la menstruación.

Además puedes incluir todos los inconvenientes señalados en el apartado anterior referido al ritmo (ver "Inconvenientes del método del ritmo").

El método del moco

Se trata de evitar las relaciones sexuales los días de cada mes que la mujer es fértil, lo mismo que en todos los demás métodos naturales. Pero en esta ocasión se calculan los días fértiles (días peligrosos) observando por tu cuenta la mucosidad que hay al fondo de tu vagina que será diferente.

En toda mujer es normal que la mucosidad proveniente del cuello de la matriz (cervical) cambie según los días del ciclo. Aprender a distinguir su consistencia entre los días fértiles o prohibidos para el sexo (aquí los llamamos "días húmedos") y los días infértiles o seguros (aquí son "días secos") es la base de este método.

Se llama también método de Billings, que es el nombre del descubridor de este sistema anticonceptivo. Por cierto, de los mejores entre los naturales.

Cómo utilizar el método del moco

El moco que hay al fondo de la vagina se torna más abundante poco antes de liberarse el óvulo (célula fértil femenina) y se mantiene así durante los días fértiles. Se vuelve resbaloso produciendo una sensación lubricante. Se torna más claro y elástico, con consistencia chiclosa. Es más transparente.

Tendrás que introducir los dedos en tu vagina, hasta el fondo, y al sacarlos observar la mucosidad que has recogido en ellos. Cuando son días húmedos (peligrosos o fértiles) verás que el moco tiene una consistencia elástica como de clara de huevo (filosa), que al separar tus dedos se mantiene como hebra entre ellos sin romperse. Además, esta mucosidad específica de tus días fértiles cristaliza en forma de hojas de helecho al secarse.

Pasados los días fértiles, el moco vaginal cambia completamente. De pronto es escaso, pegajoso o turbio, como si fuera engrudo o almidón. Se vuelve seco, incluso desaparece dejando una sensación de sequedad en tus rincones.

Podrás mantener relaciones sexuales con bajo riesgo de embarazo desde el fin de tu periodo menstrual hasta que observas la aparición de mayor cantidad de mucosidad y más líquida, clara y filamentosa (días húmedos). En ese momento entrarás en periodo de abstinencia hasta que pasen cuatro días ya con mucosidad menos abundante y más densa, que señala que es tiempo de reanudar tus encuentros sexuales (días secos). Y así ciclo tras ciclo, ¿cómo ves? Sin duda te harás experta en mocos.

La alteración del moco aparece un poco antes de la ovulación y aquí sí anuncia que se va a ovular (a diferencia de otros métodos que no avisan), ya que es una respuesta natural del organismo que busca la reproducción, es el vehículo que precisan los espermatozoides para navegar con facilidad por el cuerpo de la mujer.

Ventajas del método del moco

Es el más seguro de todos los métodos naturales, eficacia que comparte con una combinación de ellos (ver "Método sintotérmico").

Aquí la medición no se altera por enfermedades o emociones porque no la estamos calculando a ojo, la comprobamos mes tras mes y sí avisa el cambio en la mucosidad. En caso de que varíe tu fecha, serás la primera en saberlo y además no te guías por el calendario, ni por la temperatura.

Comparte además las ventajas de los otros métodos no artificiales (ver "Ventajas del método del ritmo").

Inconvenientes del método del moco

Exige maestría para distinguir una mucosidad de otra. Puedes tener dificultades para reconocer la sutileza del flujo de la fertilidad. Lo ideal es comenzar a estudiarlo durante un año antes de tomarlo como método definitivo.

Es imposible hacerlo con una infección vaginal que produzca flujo y humedad porque no pondrás distinguir la calidad del moco, que está alterada.

Es imposible hacerlo si tienes semen en la vagina por haber hecho el amor. Lo mismo si utilizas duchas vaginales.

Tendrás que ensayar esta técnica mucho tiempo antes para adquirir maestría. No puedes improvisarlo de un día para otro porque te confundirás terriblemente. Por tanto, nada de sexo ocasional.

Hay mujeres que experimentarán rechazo o pánico para manipular su cuerpo introduciendo día tras día sus dedos en la vagina. Muchas no están familiarizadas con sus zonas íntimas y les temen.

Si no se tiene una higiene escrupulosa, los dedos pueden ser transmisores de múltiples infecciones vaginales.

Este método limita los días seguros para tener sexo a pocas fechas en cada ciclo. De modo que tus relaciones sexuales no podrán ser espontáneas ni depender de tus momentos vitales como pareja. Aquí manda el moco para saber si toca o no toca, será cuando puedas, no cuando quieras.

Nuevamente ocurre que es muy posible que los días peligrosos (húmedos) coincidan con los días en que hormonalmente más te apetezca el sexo, y en cambio los días seguros (secos) no tengas precisamente las mismas ganas.

Exige conciencia, educación y la colaboración del hombre para que no se empeñe en que quiere cuando no se puede. Requiere de parejas con comunicación clara, corresponsabilidad y compromiso de planificación.

No puedes estar a merced de alteradores de conciencia (alcohol y otras drogas) que relajen tu vigilancia y digas, ¡no importa, no creo que pase nada! Porque sí pasa, si no eres estricta.

Tienes que ser constante en la vigilancia de este método. No puedes llevarlo unas veces sí y otras no porque no funcionará y saldrás embarazada.

No protege contra infecciones de transmisión sexual; por tanto, si tu pareja no es segura tendrás que utilizar condón de cualquier modo, independientemente de cómo luzca el moco.

El método sintotérmico

Es un sistema combinado entre varios métodos de los también llamados "naturales" para detectar tus días fértiles y evitar en ellos las relaciones sexuales.

Combina la observación del moco cervical como en el método de Billings, con la medición de la temperatura basal del cuerpo, así como otros síntomas que pueden asociarse con la liberación de un óvulo como puede ser un ligero dolor en el bajo vientre.

Aquí tomarás la temperatura de tu cuerpo todos los días antes de hacer nada (ver "El método de la temperatura") anotándolo y siguiendo las indicaciones estrictas, y además meterás los dedos en tu vagina para ver la consistencia del moco día tras día (ver "El método del moco"). Al tiempo, observarás los movimientos y molestias en tu abdomen.

Es el más eficaz de todos los métodos naturales, pero no vives porque no puedes hacer otra cosa que mirarte el ombligo, por no decir otra cosa.

El método de la lactancia

La naturaleza da una cierta protección anticonceptiva a la mujer que está amamantando a un bebé para que no se embarace de inmediato y pueda seguir atendiendo al que ya tiene, ayudando a espaciar los embarazos.

En la década de los ochenta se estimó que la lactancia materna en Asia y África ayudó a evitar cuatro nacimientos durante la vida reproductiva de cada mujer, con lo que redujo un tercio de su fertilidad no controlada por otras vías.

Cuando una mujer amamanta a su bebé, en su cuerpo se libera la hormona prolactina (la precursora de la leche) y una endorfina (hormona placentera) que se estimula al succionar el pezón. Estas hormonas impiden que se liberen las otras de la ovulación, las que hacen soltar células fértiles (óvulos) a la mujer. Es por eso que durante la lactancia hay falta de menstruación (amenorrea) y de fertilidad durante varios meses posteriores al parto.

Pero, ¡ojo!, muchas se embarazan tras tener un bebé porque se confían plenamente de que sus abuelas y sus madres les dijeron que no pasaba nada, y sí pasa si no eres muy rigurosa con este método.

La lactancia sólo es segura como método anticonceptivo si se cumplen una serie de requisitos muy estrictos. Tendrás que estar dando pecho exclusivamente al bebé, no alternar con otros alimentos porque disminuye la producción de leche. Esta lactancia será además a libre demanda de la criatura, no restringido a determinadas horas, y tanto de día como de noche. En caso de que tengas que apoyar su alimentación con alguna fórmula artificial, debes de darle pecho antes del suplemento en cada toma. También tendrás que amamantar aunque tú o tu hijo estén enfermos, sin interrumpirlo jamás. Tendrás que evitar al máximo el uso del biberón, chupón o cualquier otro tipo de pezón artificial para que la succión sobre tu pecho siga fabricando hormonas protectoras.

De cualquier modo, no podrán pasar más de seis meses tras el parto y no podrás haber menstruado en ningún momento para tener protección anticonceptiva natural. Si cualquiera de las condiciones anteriores no se cumple a rajatabla, no estarás protegida y tendrás que utilizar otro método anticonceptivo. Todo lo anterior son consideraciones del Instituto de Estudios Internacionales de Planificación de Familia (ISNPF).

Un gran inconveniente, además, es que tarde o temprano empezarás a ovular, a ser fértil, y esto no avisa con antelación. Pero los espermatozoides pueden vivir dentro de tu cuerpo hasta una semana. De modo que para cuando veas síntomas de fertilidad, para cuando baje tu primera regla tras el parto, puede que ya estés embarazada, ése es el gran riesgo. Tendrás que protegerte con otros métodos anticonceptivos que podrás conocer en este libro, muchos de ellos son aptos para las madres lactantes, ¡ojo!, no todos.

Ni una sola vez...

La abstinencia sexual

Desde luego que se trata de un método anticonceptivo. Parecemos tontos pero hay que mencionarlo. Sin duda si un hijo se genera por las relaciones sexuales, si no las tienes no tendrás hijos ni embarazos no deseados, ¿comprendes?

Sexo seguro

En todos los demás apartados de este libro no hablamos de "sexo seguro", no te engañes, hablamos de "sexo protegido" que no es lo mismo. Sexo seguro, con cero riesgo de embarazo, sería el que no tienes, o el que tienes sin penetración.

Sexo seguro es si te excitas y tienes orgasmos con una voz al teléfono, a través de Internet (pero sin visita personal en carne y hueso desde luego), a través de cartas... Sexo seguro se le llama también a las caricias mutuas sin penetración (*petting*), como los besos, los fajes, la masturbación a solas o mutua, el sexo oral (con la boca en los genitales de tu pareja), el sexo interfémora (pene entre las piernas), etcétera.

Pero, ¡ojo!, todo esto es seguro para evitar el embarazo. Si ya hablamos de evitar enfermedades la cosa se limita mucho más. En el momento en que existe intercambio de fluidos corporales puede haber intercambio de bacterias y virus, estás advertido y advertida.

Si quieres ejercer el sexo seguro evitando nada más el embarazo podrás besar donde quieras, abrazar, masajear, masturbar, friccionar, estimular las mamas y pezones y todo lo que se te ocurra sin penetrar.

Si lo que quieres es sexo seguro libre de cualquier enfermedad, entonces mejor te quedas en tu casa a la computadora o al teléfono, y de cualquier modo lávate las manos.

En caso de emergencia...

La píldora de emergencia

Es una manera de tomar la píldora anticonceptiva en dosis muy altas para evitar el embarazo antes de que se produzca en caso de una emergencia; es decir tras una relación sexual con riesgo de embarazo no previsto.

Las mismas hormonas anticonceptivas de "la píldora" en dosis altas funcionan para este fin. Esto no es novedoso, se conoce desde hace muchos años, desde 1976. Sin embargo, es uno de los secretos sanitarios mejor guardados de la anticoncepción moderna y apenas ahora se empieza a difundir ampliamente su utilidad. La primera píldora de emergencia es aún más antigua, se la dio el doctor holandés Ary Haspels a una niña de trece años víctima de violación a mediados de los sesenta y demostró su eficacia. Aunque se conoce su utilidad desde hace varias décadas (casi 30 años), los prejuicios han impedido su difusión en Latinoamérica.

Por ello lo primero que te ruego encarecidamente es que no la llames "píldora del día siguiente", "píldora del día después", "píldora de la mañana siguiente" o "píldora post-coito", aunque sea un método de anticoncepción poscoital (después del sexo). Y esto te lo advierto porque las palabras no son inocentes. Un título mal empleado puede inducir a errores a la gente. Si la llamamos de las maneras que te menciono, fácilmente pensarás que la cosa es tener sexo libremente y después, al día siguiente o tras el coito, tomarte la píldora y asunto resuelto. No es así como se debe utilizar si no consideras otros factores.

La píldora de emergencia como su propio nombre indica es para una emergencia, no para un uso habitual. No es para consumo ordinario, es para situaciones extraordinarias. No es un método de planificación familiar, no es para prever, es para salir de un apuro, y esos no están previstos.

La píldora anticonceptiva de emergencia se conoce en el mundo de habla hispana por sus siglas PAE. En cambio cuando hablan de AE es un término más genérico que significa Anticoncepción de Emergencia, que incluye esta píldora y el DIU usado de especial manera para el mismo fin (ver más adelante "Anticoncepción de emergencia").

La píldora de emergencia es una última oportunidad de evitar un embarazo si tuviste sexo sin protección en alguna ocasión. Será una necesidad social mientras los anticonceptivos fallen, falte información y existan violaciones.

Quiero aclarar por simple que parezca, que la píldora de emergencia la toma la mujer, es inútil que la tome el hombre y, aunque no lo creas, se dan casos. Pero la responsabilidad de conocerla no es exclusivamente femenina, los hombres deben saber que existe por su seguridad.

Qué es una emergencia

En general, una emergencia es si mantuviste relaciones sexuales sin protección o bien el método que utilizaste falló. Pero mejor vamos a especificar las situaciones para no confundirnos.

Una emergencia es un condón roto, una violación, el olvido fortuito de tu sistema anticonceptivo habitual.

Ampliando ya el concepto de emergencia, puede serlo simplemente si compruebas después de usarlo que el condón estaba caduco, o que se salga porque lo pusiste mal o porque te quedaste dormidito adentro de tu pareja y el pene se vino abajo zafándose el condón y derramando su semen en la vagina. Lo mismo por cualquier otro mal uso del condón (ver "El condón masculino") incluyendo el de la mujer (ver "El condón femenino").

Emergencia puede ser que olvides dos o más píldoras diarias de tu anticonceptivo habitual, o que iniciaste una caja de píldoras con dos o más días de retraso de la fecha adecuada, o que vomitaste tu píldora diaria durante dos o más días en la primera hora tras tomarlas (ver "La píldora"). Emergencia es que olvidaste tal vez el recambio de tu parche semanal (ver "El parche") o la fecha de reponer la inyección anticonceptiva cuando te toque (ver "La inyección"). Emergencia puede ser que el DIU (Dispositivo Intrauterino) se descoloque, sea expulsado o que caducó y se pasó con creces el año de recambiarlo (ver "El DIU"), lo mismo con el implante anticonceptivo (ver "El implante"). Emergencia es que el diafragma que utilizas normalmente se salga o se mueva (ver "El diafragma"). Emergencia puede ser que calcules mal tus fechas de fertilidad con el ritmo, que te confundas con el moco de tu vagina, que hagas una medición errónea de tu temperatura basal (ver "Métodos naturales").

Emergencia puede ser que tengas sexo no planeado. Que pierdas la cabeza en una fiesta o una velada íntima con alcohol u otras drogas, o si alguna vez estabas muy emocionada y no pensaste en las consecuencias, etcétera. Puede ocurrir también que por falta de información pensaste que no había peligro en tener sexo sin protección. Pero cuida tu vida la próxima vez.

Emergencia es sin duda una violación o cualquier situación en la que te veas obligada a tener sexo sin protección (el hombre que se niega, violencia psicológica, etcétera.). En toda violación se le debe de informar a la mujer que existe la píldora de emergencia si quiere evitar un embarazo del violador. No hacerlo es un delito cuando menos ético.

Aunque haya sido tu "primera vez", puede que necesites la píldora de emergencia si no tomaste las precauciones debidas. La virginidad previa no es un método anticonceptivo, te embarazas igual.

Emergencia puede ser que tu chavo insistió en utilizar el coito interrumpido y no lo interrumpió, es decir que eyaculó dentro de ti porque dice que le gustas mucho y no pudo resistirse (ver "Coito interrumpido"). Por favor no vuelvas a utilizar este "método" porque además no es seguro ni aunque eyacule fuera.

Pero emergencia no significa que vivas en emergencia de manera permanente. Emergencia no es que habitualmente tengas sexo sin ninguna protección y al día siguiente te tomes sobredosis de hormonas. Esto es un mal uso de la píldora de emergencia. Es una idiotez y una insensatez producida por la desinformación acerca del método. Ten en cuenta que tomarías muchas menos hormonas si utilizas la píldora diaria en vez de hacer esto.

Cómo actúa la píldora de emergencia

El embarazo no ocurre en el momento en que tienes relaciones sexuales. El semen depositado en la vagina de la mujer tiene que iniciar un largo recorrido que le tomará tiempo, días. Los espermatozoides masculinos tienen que atravesar el cuello del útero, subir por la matriz y luego por las trompas hasta encontrar allí un óvulo femenino infértil dispuesto a aceptarlo y unirse a él. Si lo hacen, esto sería la fecundación, no un embarazo aún.

Embarazo se considera cuando el huevo ya fecundado desciende por la trompa y anida en la matriz de la mujer para sobrevivir, no antes.

Las chavas que están haciendo el amor y dicen que ya notan las paraditas del bebé, eso no es embarazo, es el cabrito que te comiste un rato antes, que quede claro. Por ello cuando te digan que tus papás te fabricaron en un fin de semana romántico en el Caribe diles que no, que tú fuiste generada ya de vuelta a casa aunque hicieran el amor profusamente en esos días.

Tras tener una relación sexual con riesgo de embarazo, al tomar la píldora de emergencia ésta actúa para evitarlo de maneras diferentes según el momento del ciclo ovárico en que esté la mujer. Puede impedir la ovulación, la fecundación o la implantación según el caso. Vamos a verlo con detalle.

Si la tomas al inicio del ciclo menstrual, los primeros días tras la regla, lo que hará es impedir la ovulación, es decir evita que sueltes un óvulo fértil y dispuesto a juntarse con los espermatozoides que ya suben por tu cuerpo. Esto lo logra porque su contenido hormonal le hace creer al cerebro que estás embarazada, y por tanto inhibe (frena) la producción de la hormona luteinizante que es la que hace soltar óvulos al ovario, de la misma manera que cuando te embarazas dejas de ovular y menstruar.

Si tu ciclo está más avanzado cuando tomas la píldora de emergencia y ya soltaste un óvulo (ya ovulaste), entonces esta pastilla lo que hace es impedir la fecundación. Aquí su mecanismo de acción es alterar las sustancias que produce la capa interna de tu matriz (el endometrio), concretamente la glicodelina, y ello evita que se puedan unir óvulo y espermatozoide aunque ambos estén presentes.

Además, la píldora de emergencia cambia la consistencia del moco cervical, la mucosidad del cuello de tu matriz, haciendo de alguna forma barrera como si fuera un espermicida para impedir que migren hacia arriba los espermatozoides del semen y te puedan fecundar.

También se sabe hoy en día que la píldora de emergencia altera el transporte tanto de espermatozoides como de óvulos en esos ductos que son las trompas femeninas.

En último caso, si tomaste la píldora de emergencia en un momento crítico de tu ciclo y ya se produjo la fecundación al juntarse espermatozoide y óvulo, aún así actúa. Lo que hace es crear condiciones adversas para que ese huevo (óvulo ya fecundado) no pueda anidar en la matriz al bajar, que es donde se instalaría posteriormente creando ya un embarazo.

Este último aspecto es el que genera controversia por los enemigos de la píldora de emergencia porque dicen que interrumpe el embarazo o que es abortiva, puesto que si ya se fecundó un óvulo ya existe concepción y la píldora impide seguir adelante con ello. Pero tendremos que aclararnos con las palabras para hablar todos el mismo idioma y no acabar en una Torre de Babel, no confundamos lenguaje ni mentes.

Según la Organización Mundial de la Salud (oms) que es la máxima autoridad médica en el mundo, "embarazo" es cuando el huevo ya anidó en la matriz, no antes, por muy fecundado que esté. El huevo sin anidar es inviable, no sobrevive por sí mismo sin el enganche a los vasos sanguíneos de la matriz que lo alimentarán. De hecho, la mayoría de las mujeres a lo largo de su vida tienen óvulos fecundados que no anidan y no se enteran, tienen su regla normal y no por eso consideramos que hayan abortado o se les haya interrumpido un embarazo. Esto ocurre con huevos imperfectos, anomalías genéticas, por otros anticonceptivos que tome que así actúan, por fallas de origen o condiciones inadecuadas de la matriz para recibir el anidamiento.

Que quede claro: la píldora de emergencia puede llegar a impedir la anidación aunque el huevo esté fecundado, pero no el embarazo. De hecho, no es eficaz una vez que se ha producido la implantación del huevo en la matriz, no puede interrumpir el embarazo.

Tampoco es abortiva y tienden a confundirnos con esto. La píldora abortiva es otra muy diferente (RU 486) que no existe en México y de la que te hablaré más adelante (ver "La píldora abortiva").

Cómo utilizar la píldora de emergencia

Hay que tomar altas dosis de la píldora anticonceptiva dentro de las 72 horas siguientes a la relación de riesgo para evitar el embarazo antes de que se produzca. Se utiliza tras un coito sin protección efectiva con riesgo de embarazo, independientemente del momento del ciclo en el que estés.

La píldora de emergencia requiere de dos ingestiones. Una inmediata, y la otra doce horas después. Pero la dosis (cantidad de pastillas) de cada toma varía según los tipos de píldora.

A la hora de elegir qué píldoras tomamos o en qué dosis, surgen las grandes confusiones porque hay mucha variedad de ellas y será diferente según la marca y el tipo que empleemos.

Se pueden utilizar píldoras anticonceptivas de los dos tipos que vimos en el capítulo de "La Píldora". Pueden ser altas dosis de la píldora combinada (la que contiene dos hormonas: progestina y estrógenos) para utilizarla como píldora de emergencia. Pueden ser altas dosis de la minipíldora que contiene solo una hormona (progestina, sin estrógenos) para utilizarla como píldora de emergencia.

Cuando utilizamos la clásica píldora combinada, la más antigua y conocida, como píldora de emergencia, el margen de actuación para evitar el embarazo antes de que se produzca es de 72 horas en general, pero muchas investigaciones demuestran que puede resultar efectivo hasta cinco días después (120 horas). En este caso habrá que tomar dos píldoras juntas de inmediato, en cuanto te des cuenta de que hubo una relación de riesgo, y las otras dos doce horas después. Esto ocurrirá con marcas como: *Ovral, Eugynón 50, Nordiol, Negypron, Nogyl, Norlevo, Neogynón.*

¡Ojo!, importantísimo, si usas las píldoras que contienen 28 pastillas en la caja, las siete últimas son de azúcar (placebo) y no sirven como píldora de emergencia. Si quieres utilizarlas para este fin tendrán que ser de las primeras.

Cuando se trata de la minipíldora utilizándola para emergencia, habrá que tomar cuatro pastillas juntas en el momento en que te des cuenta del riesgo, y otras cuatro juntas doce horas después, y esto es porque contienen menos hormonas que la píldora clásica, por eso hay que ingerir más pastillas. Así será con marcas como: *Microgynón, Nordet, Norgylen, Marvelon y Lo-Femenal.*

Afortunadamente y para simplificar las cosas, existen envases de píldoras con un solo componente para ser utilizados sólo en emergencia que contienen dos pastillas y así no te haces bolas con las dosis. Esto es tremendamente práctico y evita que tengas que comprar cajas completas de un mes para utilizar unas pocas. Con ellas tendrás que tomar una pastilla de inmediato, cuanto antes, y una pastilla (la segunda) doce horas después. Con este método los márgenes son más estrictos; podrás evitar el embarazo únicamente si las tomas dentro de las 72 horas siguientes a la relación de riesgo, no más. Así será con marcas como: *Vika, Postinor 2, Vikela, Duofem*.

Después de tomarlas, sea cual sea, utiliza condón en tus siguientes relaciones sexuales o de plano mantente en abstinencia hasta que llegue tu regla. Ten en cuenta que los espermatozoides son muy vivos, de larga duración y te pueden generar un disgusto después aunque hayas tomado la píldora de emergencia para esta ocasión.

Ya sólo tienes que esperar tu regla y reflexionar sobre lo ocurrido para no volver a meter la pata si está en tus manos. Es momento de ir al ginecólogo y planificar tu vida o exigir condón sin pensarlo dos veces.

Considera que cuando acudas a la farmacia es muy probable que no encuentres nada que se llame "píldora de emergencia" como tal y que el empleado de turno que te atiende (rara vez es el farmacéutico titular) no tenga idea de qué estás hablando. Por ello es bueno conocerlas por sus marcas y composiciones porque varía la dosis entre unas y otras.

Ventajas de la píldora de emergencia

Evita embarazos indeseados, abortos y, por tanto, muertes maternas al practicarlos; así como planes de vida truncados por traer un hijo al mundo en un momento que no es oportuno ni adecuado. Ten en cuenta que cuatro de cada cinco embarazos juveniles son no planeados.

Tiene alta efectividad, mayor cuanto más rápido se tome tras un coito de riesgo. Aumenta tremendamente su éxito si se toma en las primeras 24 horas tras una relación sexual no protegida; por lo mismo, su eficacia disminuye cuanto más tiempo pases para tomarla. Así, evita el embarazo en el 95 por ciento de los casos cuando es tomada a las 24 horas o menos de ocurrir el sexo riesgoso. Evita el 85 por ciento cuando es tomada entre 25 y 48 horas después de la relación sexual. Evita el embarazo en el 58 por ciento de los casos cuando es tomada entre las 49 y las 72 horas después del suceso.

En general, bien tomada, en los tiempos y las dosis correctas y según las diferentes composiciones, su efectividad puede oscilar entre el 75 y el 98 por ciento para evitar un embarazo no deseado antes de que se produzca.

De cada 100 mujeres que tienen sexo sin protección, ocho resultan embarazadas. La píldora de emergencia puede evitar siete de cada ocho embarazos que se generan en 100 relaciones sexuales sin protección. Reduce en un 89 por ciento el riesgo de embarazo tras un coito sexual único sin protección.

Es un método sencillo, barato, legal, efectivo, no abortivo y sin graves efectos secundarios para evitar un embarazo.

En caso de estar embarazada, no afecta al feto, no produce malformaciones, no pone en riesgo tu vida ni te hace abortar.

Tomada de manera extraordinaria, de manera ocasional y no sistemática, la píldora de emergencia no causa alteraciones a largo plazo aunque se trate de una sobredosis de hormonas.

Es recomendada por la OMS (Organización Mundial de la Salud) para evitar embarazos no deseados y también está incluida en la Norma Oficial Mexicana (NOM) desde el año 2004. Esto permite la igualdad en este ámbito entre las mujeres de bajos recursos y las de altos recursos que van a la farmacia. Por tanto es un método del que se debe de informar, recetar y proporcionar en la salud pública. Si te la niegan te están negando un derecho que tienes y puedes reclamar (ver "La píldora de emergencia en el mundo").

La píldora de emergencia puede utilizarse también cuando la mujer estuvo expuesta a sustancias que causan malformación fetal. Esto puede ocurrir con muchas vacunas que descuidadamente se dan a mujeres en riesgo de embarazo o, por desgracia, a contaminación en zonas donde la posibilidad de preñarse va unida a una tara tóxica. Pero insistimos: esto sería para evitar el embarazo antes de que se produzca tras una relación de riesgo (y riesgo puede ser tu propio marido que se niega a cuidarse y a cuidarte), no para abortar si ya se produjo el embarazo. En estos casos también tienes derecho legal y tendrás que acudir con tu médico porque este procedimiento no sirve para ello.

Inconvenientes de la píldora de emergencia

No debe usarse de manera regular. No es un método de planificación familiar. Tomar sobredosis de hormonas no es una manera de vivir porque finalmente acabarás afectando tu organismo y creando un desequilibrio hormonal tremendo. Las hormonas no son cualquier cosa para tomarlas como caramelos. Sólo en caso de emergencia, siendo ocasiones extraordinarias, entonces los beneficios superan a cualquier molestia, pero no de otro modo.

La píldora de emergencia puede fallar si no se toma en los tiempos correctos: 72 horas para la primera dosis. También hay posibilidad de que no evite el embarazo si se toma sólo la primera dosis. Lo mismo si pasan más de doce horas desde la primera pastilla para tomar la segunda dosis.

Puede fallar si no se toman las cantidades adecuadas, que varían de acuerdo con las marcas y sus composiciones hormonales.

Puede fallar si vomitas en las dos primeras horas tras tomar cualquiera de las dosis. Tendrás que repetir la ingesta.

Tras tomarlas, algunas mujeres puedes presentar náuseas, mareos, vómitos, dolor de cabeza, sensibilidad creciente en los senos. Puede producir sangrado irregular en algunas mujeres y retención de líquidos. De cualquier modo estas molestias son ocasionadas por la sobredosis, son transitorias y desparecen solas.

Si se usa reiteradamente la píldora de emergencia su eficacia disminuye considerablemente. La seguridad que tiene calculada es para uso único. Hay que reservarla para accidentes.

No debes de tomarlas más de una vez en el mes. Si tienes sexo frecuente y te ves asiduamente en apuros, entonces lo que está en emergencia son tus planes de vida y tu cabeza, no la píldora. Es mejor que busques otro método anticonceptivo de uso continuo.

Está contraindicada para mujeres con sangrado vaginal anormal no diagnosticado.

Debe de realizarse un control médico si la toma una mujer diabética porque puede variar sus requerimientos de insulina, y es vital para ella.

Habrá que consultar al médico antes de que la tomen las mujeres que están postradas por una enfermedad o largo tiempo inactivas, por la repercusión que tienen las hormonas sobre la formación de trombos circulatorios.

Consulta a tu médico si precisas la píldora de emergencia cuando estés tomando medicamentos que interactúan con las hormonas como los que se utilizan para tratar la esquizofrenia o determinados antibióticos (ver "Inconvenientes de la píldora") porque pueden variar los requerimientos de los mismos al restarles efectividad momentáneamente.

Si ya confirmaste que estás embarazada no las tomes, es inútil y no tiene caso.

No se recomienda tomar la píldora de emergencia antes de la menarquía (primera menstruación).

No protege de las infecciones de transmisión sexual (ITS) incluido el VIH SIDA y papiloma humano. De modo que si tu pareja no es segura, además del riesgo de embarazo del que te puede librar la píldora de emergencia, tendrás que acudir al doctor para revisar la posibilidad de un contagio. Esto es particularmente importante en el caso de violaciones.

Es recomendable consultar al médico antes de tomar la píldora de emergencia si padeces cáncer de mama o en los órganos sexuales, si sufriste anteriormente un infarto, si padeciste de coágulos sanguíneos en piernas o pulmones, si tienes la presión muy alta, si has padecido migrañas constantes, problemas del hígado o de los riñones, o si eres enferma cardiaca.

La Organización Mundial de la Salud (OMS) considera que no hay ninguna contraindicación absoluta para la píldora de emergencia. Incluso las mujeres que no toman la píldora diaria por padecimientos cardiacos o circulatorios, pueden hacerlo por una vez. Asimismo, las que tienen contraindicados los estrógenos pueden recurrir a la minipíldora en alguna ocasión como píldora de emergencia.

No obstante, es nuestro deber señalar los síntomas de alerta que pueden precisar de una atención médica de urgencia para cualquier mujer que tome hormonas, aunque reiteramos que estos casos son excepcionales y sólo se presentan en el uso de píldoras continuadas. Esperamos que este aviso no contribuya a que hagas una paranoia tras tomar la píldora y por sugestión experimentes todo esto. Pero ahí va... Acude de inmediato al médico si de pronto presentas mareo repentino o aturdimiento, dolores severos en uno o ambos lados del abdomen, dolores muy intensos de cabeza a los pocos días de tomarla, debilidad excesiva, dolor en el pecho, ictericia (piel amarilla), dificultad para respirar, dolor en cara interna de la pierna, visión borrosa o pérdida de visión, dificultad para hablar, tos intensa o falta de aliento.

La píldora de emergencia en el mundo

En Latinoamérica seis millones de mujeres abortan cada año. Para evitarlo, la píldora de emergencia es una buena opción entre otros métodos. En esta misma región mueren al año seis mil mujeres por aborto, cabe señalar que en Europa sólo mueren cien ya que hay mayor acceso a la píldora de emergencia.

La píldora de emergencia se comercializa ahora en más de veinte países, entre ellos México, pero tardó décadas en que se difundiera su uso. Todos los países de la Unión Europea disponen de ella. Francia fue el primero en aprobarla.

El 40 por ciento de los embarazos en México son no deseados (1990), la píldora de emergencia puede ayudar a evitarlos, además, el diecisiete por ciento de ellos termina en aborto.

En España la píldora de emergencia evita unos 35 000 de los 50 000 abortos oficiales que se producían cada año, y aquí el aborto es legal. En este país la usan unas 400000 mujeres.

En Estados Unidos la píldora de emergencia puede prevenir la mitad de los tres millones de embarazos no deseados y abortos que ocurren al año. Puede reducir el riesgo de embarazo en un 75 por ciento tan sólo en este país. Actualmente, la usan alrededor de tres millones de mujeres en esa nación. Algunos estados exigen receta para la píldora de emergencia mientras que en otros su venta es libre.

En Brasil la píldora de emergencia forma parte oficial de los protocolos de salud que se ofrecen a mujeres violadas.

En algunos países es obligatoria en el botiquín de urgencia de los centros de salud. En Inglaterra (Reino Unido) las enfermerías de los colegios pueden entregar la píldora de emergencia en caso de necesidad a partir de los once años cumplidos de las niñas, sin precisar autorización de los padres.

En Italia, sin embargo, los farmacéuticos pueden alegar objeción de conciencia (reparos, prejuicios, no estar de acuerdo con ella) para no venderla. Algo similar ocurre con algunas cadenas farmacéuticas de la ciudad de Guadalajara, en México, que no quieren vender ni condones ni píldora de emergencia, por supuesto.

Tus dudas sobre la píldora de emergencia

- **Si te dicen que es abortiva**, no es cierto. La píldora de emergencia evita el embarazo antes de que se produzca. No afecta a una mujer que ya esté embarazada, no le hace nada, ni siquiera provoca malformaciones fetales, mucho menos el aborto. La píldora abortiva es otra que puedes ver más adelante y no se relaciona con la de emergencia, no deben confundirse una y otra.

- **Si te dicen que es un método de planificación,** no es cierto. Es un método de emergencia para un accidente por haber tenido sexo sin protección y extraordinariamente. No puedes estar tomando sobredosis de hormonas como forma de vida. No debe suplantar tu método anticonceptivo habitual, es para casos excepcionales que se te salieron de control, pero tu vida debe estar en general cuidada y controlada, no en emergencia.

- **Si precisas más información** sobre la píldora de emergencia deben de dártela en tu centro de salud, bien con tu médico o en los grupos de apoyo social comunitario, sobre todo los feministas.

- **Si te sobran píldoras** de la caja que compraste porque sólo necesitaste unas pocas para una emergencia, guárdalas de momento en tu botiquín, pueden servir de ayuda para una situación semejante de otra compañera o una mujer de tu familia, pero, ¡ojo! Cuida que no queden ahí olvidadas por años y caduquen.

- **Si ya usaste una vez la píldora de emergencia,** es momento de acudir al doctor para hacer una planificación sistemática de tu vida sexual y cuidarte con un anticonceptivo seguro y confiable.

- **Si crees que ya te protegiste todo el mes** por tomar la píldora de emergencia, te diré que no es así. El haberla tomado en un momento dado no reduce tu riesgo de salir embarazada en el futuro, su efecto sólo dura de tres a cuatro días. Tendrás que usar condón.

- **Si tu pareja te da una píldora** para que la tomes dile que no. Tu novio no es ginecólogo, ¿o sí? Algo tan delicado como evitar un embarazo no lo puedes poner en manos de otra persona sin saber lo que estás tomando ni conocer la dosis. Infórmate personalmente y luego lo pones en práctica. Que te acompañe tu chavo si quiere, pero que no te recete por favor, que el tener pene no lo hace más sabio en estas cuestiones.

- **Si la usas reiteradamente** no es aconsejable en absoluto. Estarás tomando muchas más hormonas que si tomaras la píldora diaria. Provocarás reglas irregulares e inconsistentes, alterarás tu organismo y, lo peor, pierde efectividad a medida que la tomas. Es para uso extraordinario.

- **Si temes que te deje estéril**, no es cierto. Por mucho que la tomes, estéril no te deja. Más bien al contrario, con el abuso la píldora de emergencia pierde efectividad y ya no te servirá como anticonceptivo para un apuro y puedes acabar embarazada.

- **Si te dicen de otros métodos de emergencia** como el lavado vaginal o los espermicidas después de una relación de riesgo para evitar el embarazo, te diré que no sirven absolutamente de nada. Los espermatozoides que te embarazan ya fueron inyectados a presión en la vagina por los disparos de la eyaculación y ya suben por tu matriz. Lo que laves o desinfectes luego, son los restos de la batalla. Tras un coito de riesgo sólo sirve la píldora de emergencia para intentar evitar el embarazo.

- **Si te dicen que el DIU también sirve** para evitar así de emergencia un embarazo, es cierto, pero manejado de una manera precisa que te describimos más adelante (ver "La anticoncepción de emergencia").

- **Si eres activa sexualmente** o planeas serlo, no uses la píldora de emergencia como anticonceptivo, resérvalo para un accidente y elige otro método.

- **Si te asustas porque te bajó la regla** después de tomar la píldora de emergencia, es que eres un poquito lela hijita, y esto lo veo todos los días. A ver, pensemos juntas: a las embarazadas no les baja la regla, tú te tomaste la píldora para no embarazarte y que te bajara la regla, te bajó la regla, ¿dónde está el susto? Mejor asústate cuando no te baje.

- **Si no sabes a qué edad se puede tomar** la píldora de emergencia, te diré: puedes tomarla a cualquier edad si eres fértil (ya reglas) y has tenido sexo con riesgo de embarazo de una manera extraordinaria. No se aconseja antes de la menarquía (de la primera regla).

- **Si te preguntas sobre el riesgo de embarazo sin protección** te daré las estadísticas: tras una única relación sexual al azar durante un ciclo existe un ocho por ciento de posibilidades de salir embarazada. Con sexo una vez por semana 15 por ciento de posibilidades. Con acostones día sí y día no, hay 33 por ciento de boletos para la rifa del bebé. Pero recuerda que el día que te embaraces tú no vas a tener un tanto por ciento de hijo, lo tendrás entero. No juegues. Usa protección sistemática, si te falla u ocurre una eventualidad entonces cuentas con la píldora de emergencia que anula estas posibilidades.

- **Si tiendes al vómito** es fácil que la píldora de emergencia te los provoque. Esto se presenta en el 30 por ciento de las mujeres que la utilizaron. Mejor toma un antiemético (antivómito) media hora antes de la toma y lo puedes repetir si quieres cada cuatro horas para evitar el malestar. Te servirán los compuestos que contienen dimenhidrinato (Dramamine o Vomisín como marcas comerciales).

- **Si vomitas la dosis** antes de dos horas, tendrás que repetirla porque no sirvió de nada, no pasó a la sangre. Si pasaron dos horas, aunque vomites no hay problema, la pastilla sirvió porque ya está circulando por tu organismo y no en tu estómago. Si de cualquier modo eres muy vomitona y tu caso es rebelde, puedes aplicar la segunda dosis de píldora de emergencia como supositorio vaginal en vez de hacerlo oralmente, lo más profundo que alcances al fondo de tu vagina sin problemas.

- **Si te produce naúseas** la píldora de emergencia, te aconsejo tomar galletas saladas o un vaso de leche media hora antes de cada dosis para prevenirlas. Las naúseas (ascos) son muy frecuentes, aparecen en el 50 por ciento de las mujeres que utilizan este sistema.

- **Si crees que necesitas revisión médica antes** de tomar la píldora de emergencia, te diré que en mujeres sanas no es necesario. Solamente si padeces de alguna alteración en la salud que esté bajo tratamiento o también si hay ya sospecha de embarazo, entonces sí debes de acudir al médico antes de ingerir cualquier cosa.

- **Si te preocupa la calidad de tu sangrado** te aconsejo que no te obsesiones. Tras la píldora de emergencia llegará días más tarde tu menstruación con un sangrado que puede ser mayor o menor de lo habitual, no importa, no te fijes ahora en todo y no estés obsesionada con esto porque no tiene ninguna relevancia, no salen bebés nadando desde luego.

- **Si acudes al médico antes de que llegue la regla** debes informarle que tomaste la píldora de emergencia para que lo tome en cuenta en sus decisiones y tratamientos.

- **Si tomas más pastillas de las indicadas** en cada marca por buscar mayor seguridad, pues fíjate que esto no te la da, no la hacen más efectiva, lo único que lograrás es que aumenten tus nauseas por exceso de hormonas.

- **Si te preguntas cuándo llegará tu menstruación** tras tomar la píldora de emergencia, no te agobies. Te bajará más o menos una semana después o en tu fecha habitual. Días más, días menos de variación es normal.

- **Si tu regla se atrasa más de una semana** de su fecha habitual, es mejor que te hagas una prueba de embarazo y acudas a tu médico, tal vez la tomaste demasiado tarde. Si hubiera embarazo, no afecta al bebé ni a ti.

- **Si quieres saber si hubieras salido embarazada** en caso de no tomar la píldora de emergencia, pues no hay manera de saberlo, este método es preventivo. En realidad no hay manera de saber cuántas mujeres hubieran resultado embarazadas si no hubieran utilizado la píldora de emergencia

- **Si olvidaste sólo una píldora diaria** de tus anticonceptivos habituales (ver "La píldora"), continua con ellas y con condón, no es necesaria la píldora de emergencia.

- **Si tuviste sexo sin protección la semana de descanso** entre una caja y otra de píldoras diarias habituales, no hace falta que tomes la píldora de emergencia, estás protegida, sangres o no.

- **Si temes que se altere el test de embarazo** por haber tomado la píldora de emergencia, no te preocupes, no se afectan ni confunden, salen igual de claros que lo normal porque es otra hormona distinta la que mide que no interfiere.

- **Si mezclas dos marcas** de píldora de emergencia puede salir todo mal. No lo hagas. Las dos tomas deben de ser del mismo tipo de píldoras y en la cantidad adecuada en cada caso (ver "Cómo utilizar la píldora de emergencia"). Al mezclarlas no corresponderán los requerimientos hormonales con sus tiempos.

La píldora abortiva

Nada que ver con la píldora de emergencia, no confundirse. La píldora abortiva se llama RU-486 y no existe en México. Utiliza también componentes hormonales, pero su acción es completamente diferente.

La píldora abortiva interrumpe el embarazo ya iniciado propiciando que se desprenda el producto de la matriz y lo expulse, provoca el aborto. Su contenido es un principio activo de nombre químico conocido internacionalmente como Mifepristona.

En los países en que es legal el aborto, esta píldora es de gran ayuda como alternativa a los legrados (raspados de la matriz) o ténicas de aspiración mecánica en el útero que se venían empleando para este fin.

Sirve para provocar el aborto con un embarazo de no más de dos o tres meses. Se descubrió su uso en 1986, en 1989 se aprobó en Francia, en 1991 en Inglaterra (Reino Unido) y en 1992 en Suecia. De ahí en adelante muchos países la han adoptado como método alternativo para interrumpir el embarazo de una manera menos traumática físicamente para la mujer y más efectiva. En Cuba se utiliza sistemáticamente y de manera gratuita. En España también es legal. En México no está aprobada y es ilegal.

De cualquier modo, ni aún donde es legal la interrupción voluntaria del embarazo circula esta píldora libremente en las farmacias para uso del consumidor. Es de manejo exclusivamente clínico, en manos de los médicos nada más, y exige una estrecha vigilancia de la paciente porque puede producir hemorragias incontroladas que debemos saber valorar.

En la actualidad la RU-486 se utiliza también en Europa con mucho éxito para frenar el desarrollo de algunos tipos de cáncer femenino de matriz que dependen de las hormonas. Estos cánceres no pueden ser tratados con éxito en México porque no es legal el uso de la Mifepristona para ningún fin.

La anticoncepción de emergencia

El título "anticoncepción de emergencia" se refiere en general a todo método que utilices para evitar un embarazo antes de que se produzca tras un coito no protegido, se conoce por sus siglas AE. Abarca la píldora de emergencia y también el DIU colocado a tiempo.

Además de la píldora anticonceptiva en altas dosis, se puede utilizar también el dispositivo intrauterino (DIU) de manera que sirva como anticoncepción de emergencia.

Basta con colocar el DIU en los cinco primeros días tras una relación sexual de riesgo con posibilidad de embarazo para evitarlo. Claro que, para esto tendrás que acudir al médico porque no te lo puedes poner tú sola.

El DIU, así colocado, impedirá implantación del huevo en la matriz aunque ya estuviera fecundado (ver capítulo "El DIU").

Si estás en este caso y te lo pones, aprovecha de una vez para dejártelo puesto como sistema anticonceptivo permanente y no de emergencia, evitarás disgustos.

Algún día no tan lejano...

Anticonceptivos del futuro

Para hablar del futuro hagamos un breve repaso del pasado; esto nos ayudará a ser conscientes. Los hombres (los machos humanos, me refiero) fueron claves en la transición de la sociedad hacia familias más pequeñas del mundo desarrollado. Esto lo hicieron utilizando condones o mediante el coito interrumpido por muchos fallos que tuviera. Todo ello antes de la era de la píldora que enfocó su artillería hacia el universo femenino en cuanto a planificación familiar. El hombre quedó de pronto excluido de la planificación familiar. Pero en los años ochenta vuelve la participación masculina. Por una lado por el SIDA que pone atención en el condón masculino. Por otro, y paralelamente, el feminismo que en claro avance exige mayor participación del varón y menos sacrificio de las mujeres en estas tareas para reequilibrar la balanza. ¿Qué nos espera de aquí en adelante? Ese es el objetivo de este capítulo en el que se da un repaso humilde de hacia dónde van las investigaciones.

La píldora masculina

El principal problema es que mientras que las hormonas en las mujeres sólo suspenden su fertilidad pero no su apetencia sexual, resulta que en los hombres va "junto con pegado" como dice el refrán. Las mismas hormonas que fabrican los espermatozoides fabrican también su virilidad y, al tocarlas, la fiesta se nos viene abajo.

Si las bloqueamos los hombres pierden masa muscular, se les feminiza la voz, disminuye el tamaño de sus genitales, etcétera (¡una joya en suma!) Si las aumentamos, también su sangre deja de fabricar espermatozoides porque el cerebro recibe la señal de que no es necesario, pero entonces aumenta el acné, la irritabilidad, la agresividad, y para colmo son tan delicados que pueden quedar estériles para siempre (¡lo que nos faltaba!).

Por otro lado, muchas sustancias que logran frenar la fabricación de espermatozoides hábiles, provocan crecimiento de la próstata y es peor el remedio que la enfermedad.

Las investigaciones en torno a píldoras anticonceptivas que puedan tomar los hombres parecen fracasar todas. La vía digestiva masculina inactiva cualquier hormona que traguen. Para colmo, los hombres pueden ser muy mentirosos y no falta el que te dice que ya se tomó su píldora y no se tomó nada (¡total, él no se embaraza!) Por ello se buscan otras vías no orales para hacerlos anticonceptivos de pies a cabeza y que las sustancias pasen directamente a la sangre.

El implante masculino

En cuanto a implantes subdérmicos (anticonceptivo hormonal insertado bajo la piel), se está estudiando uno para hombres, el cual llevaría dos cápsulas. Una liberaría una hormona que suprime la producción de espermatozoides. La otra garantizaría el impulso sexual masculino con un andrógeno. Esta investigación está avanzada y podría durar tres años en su efecto anticonceptivo, como el implante femenino (ver "El implante").

La inyección masculina

Se estudia una inyección anticonceptiva masculina semanal (etanato de testosterona) que se ha comprobado que suprime totalmente los espermatozoides en los hombres asiáticos, pero en otras etnias parece sólo funcionar en el 60 por ciento de los casos y se desconoce por qué (¿será el arroz?).

Otro avance en este sentido es una inyección para hombres que combina dos hormonas: la testosterona masculina y la progestina femenina. La testosterona en altas dosis suprime la formación de espermatozoides, pero da muchos efectos adversos como la disminución del colesterol bueno en la sangre y el aumento de la agresividad (¡órale!). Por ello se le añade la progestina presente en las píldoras femeninas que parece bloquear estos efectos adversos. Está en fase avanzada y parece prometedora. Sería una inyección masculina que se aplicaría cada tres o cuatro meses.

Otras inyecciones masculinas sólo con base en testosterona dan infertilidad por quince días pero pueden provocar cáncer o dejar infértil para siempre porque los espermatozoides son muy sensibles, así que nada.

El algodón

Una buena esperanza es el algodón, sí, como lo oyes. Pero no te imagines ponerte un tapón del que tienes en casa, aquí hablamos de la sustancia que contiene. Al parecer es capaz de bloquear la producción de espermatozoides pero no afecta a las hormonas de la pasión masculina, es decir que te deja estéril temporalmente pero no impotente. Esta sustancia se llama *gossypol* y está contenida en el aceite de semilla de algodón. Como muchos otros descubrimientos científicos fue casual, provocando infertilidad masculina en trabajadores chinos que manipulaban esta sustancia. Pero claro... como siempre están los efectos negativos de momentos incontrolados. Esta sustancia tiene una alta toxicidad, acaba con el potasio de la sangre y causa agotamiento y males cardiacos. Se está buscando perfeccionarla. Cabe señalar que al dejar de utilizarla se restaura la fertilidad en el 80 por ciento de los hombres, cifra muy jugosa si la comparamos con lo poco reversible de la vasectomía (ver "La vasectomía"). También se estudia la posibilidad de que esta sustancia no solo sea anticonceptivo sino que pueda también ayudar a combatir virus de transmisión sexual.

La vacuna anticonceptiva

Se busca una sustancia que altere el recubrimiento exterior de los espermatozoides de manera que no se puedan enganchar con el óvulo femenino y fecundarlo, que no tengan cómo entrar. Es posible que esta vacuna aparezca como anticonceptivo femenino (¡qué raro!), ya que es más fácil bloquear en la mujer los pocos espermios que le llegan al óvulo que inutilizar en el hombre los millones de ellos que produce día con día. Esto no interfiere con la producción de óvulos ni de espermatozoides, pero de momento sólo parece factible allá por el 2025, ¡quién sabe!

Las falsas fertilizaciones

Se sabe que el óvulo femenino tiene unos receptores en su pared, una especie de "hembras" del enchufe, que sólo aceptan el "macho" de determinados espermatozoides masculinos para dejarse penetrar por ellos y quedar así fertilizado. Se investiga ahora mismo sobre la posibilidad de alterar los "machos" del enchufe en la membrana del espermatozoide y las "hembras" del mismo en la membrana del óvulo, para hacer una falsa conexión y que el óvulo crea que fue fecundado cuando en realidad no lo fue. Con esto haría el cuerpo femenino infértil como si se tratara de un falso embarazo.

Inmunoanticoncepción

A pesar del nombrecito, significa algo muy sencillo, lo explicaremos. El sistema inmunológico es el equipo de defensa natural del organismo para atacar y rechazar cualquier cosa que le resulte extraña, en general: virus, bacterias, basuras, cuerpos extraños, etcétera. Pues con base en esto se ha descubierto una sustancia que, aplicada en la mujer, trata a los espermatozoides como si fueran enfermedad o enemigos, como cuerpos extraños cuando los recibe, y los inactiva. Esto se ha probado en monos y fueron infértiles durante meses, pudiendo recuperar su fertilidad cuando se suspendió el tratamiento. Tal vez funcione en el chango de tu novio, habrá que esperar al futuro.

La píldora mensual femenina

Una píldora que se pudiera tomar sólo una vez al mes, en el momento en que va a llegar la regla o el último día de ella para evitar la concepción durante todo el mes siguiente. Aún no existe, pero algo muy similar es el anillo vaginal mensual que ya es una realidad (ver "Anillo vaginal").

Los antioxidantes

Los espermatozoides llevan una serie de antioxidantes en su membrana exterior para impedir que se deterioren, una especie de antienvejecimientos. Si estos antioxidantes resultaran ser exclusivos de estas células, se podrían crear fármacos que los bloqueen sin dañar los efectos antioxidantes del resto de las células del organismo. Hoy por hoy imposible. Si atacas los antioxidantes de momento oxidas todo el cuerpo y te quedarías muy erótico pero con la misma facha que Matusalén.

Los anticontagio

Se investigan anticonceptivos que, además de evitar el embarazo, puedan inactivar cualquier tipo de enfermedad transmisible por medio de las relaciones sexuales. Se buscan espermicidas que protejan totalmente y con garantías al menos toda la vagina y el cuello de la matriz completo, que inactiven virus, bacterias y hongos, que no dañen la mucosa vaginal, sin producir irritaciones ni ser tóxicos para su flora, sin efectos secundarios. Los que hay actualmente sí los tienen y no protegen contra todo.

La píldora natural

Hasta el momento la píldora femenina diaria está hecha de hormonas sintéticas; es decir, artificiales, fabricadas en el laboratorio. Ya hay avances para crear una píldora con hormonas naturales, que tendría una mayor tolerancia y muchos menos efectos negativos.

La píldora cosmética

Ya existe una píldora anticonceptiva que mejora el acné. Pero se busca crear otras que hagan bajar de peso (¡síííí...!), que quiten las arrugas al tiempo que dan luminosidad a la piel y el cabello, que eliminen el vello corporal sin tener que depilarse, que acaben con la flacidez y la celulitis. Finalmente todo ello son asuntos hormonales. Esto mismo podría ser aplicado a los parches, implantes, inyecciones anticonceptivas y anillos vaginales. Se me hace lejos y se me hace tarde, ya comemos ansias con esto.

Los anticonceptivos explicados a los jóvenes se terminó de imprimir en noviembre de 2005, en Grupo Caz, Marcos Carrillo 159, col. Asturias, C.P. 06850, México, D.F.